두 얼굴을 가진 하나님 성서로 보는 미국 노예제

차례

Contents

성서와 노예제도의 관계

기독교 교리가 노예제도를 수호하는 이론적 배경이 되었다는 것은 납득하기 어려운 일이다. 그럼에도 불구하고 19세기 전반기, 즉 서양의 많은 곳에서 여전히 노예제도가 존재했을 당시 성서는 노예제도 폐지의 가장 중요한 전거로 쓰여 왔을 뿐만 아니라 또한 그 제도를 비호하려는 사람들에게도 똑같이 중요한 기반을 마련해 주었다.

많은 사람들이 노예제도를 도덕적으로 옳지 않은 것으로 보기 시작한 것은 기껏해야 200년 전쯤의 일이다. 그때까지 인간의 의식구조는 인간사회의 불평등한 구조와 계층적인 사회 질서를 당연하게 여겼고, 거기에 익숙해 있었다. 포스트 모던적 시각에서 보면 자유와 민주적 세계질서에 큰 기여를 했던 영국의 혁명들이나 프랑스와 미국 혁명조차도 한낱 백인 남성 중심의 혁명에 불과했던 것이니까……. 그러므로 인간적으로 는 노예를 동정했을지언정, 노예제도 자체를 비판하는 사회적 의식은 거의 존재하지 않았던 것으로 보여 진다. 이러한 태도 는 시대를 거슬러 인류의 평등과 사랑을 부르짖는 기독교, 불 교, 모하메드교 권의 모든 사회에서도 마찬가지였다.

서양에서 같은 인간이라는 이유만으로 동질감을 느끼고 따 뜻한 눈길을 보내는 휴머니테리어니즘(humanitarianism), 즉 박 애주의가 나타나기 시작한 것은 1820년대부터였다. 프랑스 혁 명 시대에 서구인들은 태어날 때부터 계급적 서열이 정해졌다 는 앙시엥 레짐적 사회구조에 회의를 느꼈다. 그로부터 약 반 세기경이 지나면, 거기에서 한 걸음 더 나아가 인간 사이에 평 등한 동포애를 가져야 한다는 새로운 신념이 확산되기 시작한 다. 이러한 조류에 공감하는 이들은 불운한 처지에 있던, 즉 신 체적 장애자나 감옥에서 혹독한 대우를 받고 있었던 사람들에 대한 처우개선 문제에 시각을 돌리기 시작하였다. 이와 더불어 노예들의 생활 여건도 그들의 관심을 끌기 시작하였다. 그러나 사람들이 얼마만큼 노예문제에 무관심했었던가 하는 것은 노 예들의 처우개선 문제를 처음으로 제기했던 단체가 영국의 동 물보호협회였다는 것에서 잘 나타난다. 그 당시 사람들은 노예 를 불운한 인간 축에도 못 낄 정도로 저급하게 여겨, 동물에 보다 가까운 존재로 느낄 수밖에 없었던 것 같다.

유럽에서 노예제도 폐지론이 대두하게 된 데는 박애주의의 확산이라는 이념적 이유 외에도, 나폴레옹 전쟁으로 인해 대서양 무역이 침체되었던 경제적 여건에도 그 원인이 있다. 나폴레옹 전쟁은 19세기 초의 세계 질서에 변화를 가져온 큰 사건이었다. 조국 프랑스 공화국을 지키고 공화주의를 유럽에 전파하기 위해 시작된 나폴레옹 전쟁은 점점 주변국들에 대한 노골적인 침략전쟁으로 변질되었다. 주변에 있던 유럽의 왕국들은 모두 뭉쳐 프랑스 혁명의 불똥이 자기 나라에 튀지 않도록 대 프랑스 전쟁을 벌였고, 그 중 리더가 영국이었다. 나폴레옹이 황제로 등극한 후 십여 년 동안 프랑스와 영국은 세계 곳곳에서 전투를 벌였으며, 그 결과 대서양 무역은 피폐해졌다. 그 이전에 카리브 해역에서 노예노동을 이용하여 재배된 사탕수수는 유럽에 수출되어 큰 수익을 올려왔었다. 그러나 대서양과 카리브 해역에서 벌어졌던 영국과 프랑스의 해전으로 말미암아 그 작물이 유럽에 제대로 도착하지 못하게 되면서 사탕수수 재배는 몰락하게 된다. 오히려 노예제도는 경제적 부담을 가중시켰으며, 영국에서 노예제도 폐지론이 대두되고, 이러한 폐지론이 세계적으로 확산되는 데 큰 원동력이 되었다.

노예제도는 미국에서 여러 이론으로 전개되었다. 특히 남북의 지역갈등이 악화되어가던 19세기 1/4분기부터 남북전쟁으로 노예제도가 폐지되기까지의 기간 동안 다양한 시각의 노예제도 찬반론이 고도의 논리와 이론적 틀을 구비하며 확고한 사상체계로 정립되었다. 여러 논의에서 종교적 이론은 핵심적인 부분을 차지하였다. 왜냐하면 노예제에 대한 찬반론이 가

열되기 시작할 무렵, 학문은 전문화가 이루어지기 이전이었고 따라서 여론에서 종교인의 역할은 막중했던 것이다. 법률, 의학, 농업, 과학, 인문학, 정치학, 예술 등 모든 부문이 전문화되어 동호인들이 협회나 학회를 만들고, 전문 잡지를 만들어 정보를 교환하고, 나름대로의 연구방법과 자체적 규율을 세우고, 대학에 전문적인 학과를 세우는 현상은 19세기 후반에서야 나타났다. 당시는 매스미디어가 등장하기 이전이어서 종교인이 대중들과의 교류를 구축하며 여론을 조성하는 데 유리한 여건을 갖추고 있었다. 그 때문에 종교적 지도자들이 사회 전반의 여론을 주도해 나갔다.

노예제도의 수호나 폐지를 주장하던 종교적 이론들은 근본적으로 성서의 텍스트에 바탕을 두고 있다. 양측 모두 다 성서에서 여러 구절을 분명하게 인용하면서 '신(神)은 우리 편'이라고 믿어 의심치 않았던 것이다. 그러면 그 논의들은 도대체 어떠한 성서의 텍스트에 근거하였을까? 텍스트로서 구체적으로 제시되었던 성서의 구문들은 또 어떻게 해석되었을까? 그리고 그러한 해석에는 각각 어떠한 특성이 있었을까? 이 책에서는 이러한 의문들에 대한 해답을 구해보려고 한다. 다시 말하면, 노예제도 찬반 양측이 전개했던 미국에서의 종교적 주장들을 그것들이 근본적으로 의지하고 있던 성서의 전거에 의거하여 재구성해 보려는 것이다. 노예제도에 관련되어 많이 인용되는 『구약성서』와 『신약성서』의 구문을 구체적으로 발췌하여 치밀하게 탐구하고, 또 종교인들의 설교, 팸플릿, 에세이 등을 조사하면서 노예제도에 대한 종교적 논의가 어떻게 전개되었는가를 살펴볼 것이다. 이것은 노예제도의 이론과 실제를 체계적으로 정리하고 파악하는 데 도움이 될 것이다.

과거에 묻힌 노예제도의 발자취를 들추어 보는 것이 의미가 있는 것은 그것이 현재에도 유용한 정보로 쓰일 수 있기 때문이다. 비록 노예는 제도적으로는 소멸되었다 하더라도, 타인에 대한 착취와 압제를 제도화하고 정당화하려는 인간 본성의 한 부분은 시대를 초월해서 끈질기게 존속하기 때문이다. 흥미롭게도 노예제도가 미국에서 성숙되기 이전에 관행처럼 내려오던 계약하인(indentured servants)제도하에서 흑인 노동자는 물론이고 백인 노동자들도 5~7년 정도 무료봉사를 한 후에야 겨우 자유를 획득했었는데, 현재 우리 나라에 밀입국하는 외국인 근로자들도 그 정도 기간 동안 번 돈을 꼬박 바쳐야 입국비에 관련된 채무의 사슬에서 벗어날 수 있지 않을까 싶다. 미국에서 노예제도가 폐지된 후에도 자행되던 인간 착취는 'white slavery'라고 불렸다. 그것은 멕시코인들의 피오니지(Peonage)와 중국인 철도 노동자 그리고 불법적으로 강요된 성매매를 포함하는 다양한 형태로 나타났다. 그리고 어떠한 이름으로 불리던 불우한 인간에 대한 착취 가능한 한도의 최대값은 시대를 초월하여 공통분모가 있는 것 같다.

필자는 이 책이 추구하는 논의를 보다 밀도 있게 진행시키기 위해 미국에서 노예들이 살았던 환경과 그들이 살아가던 모습을 짚어볼 것이다.

역사에 따라 달리 해석된 노예제도

구체적으로 성서의 텍스트를 논하기 전에, 우선 노예제도에 대한 역사적 시각의 변화를 간략하게 정리하여 보자. 미국에서 역사학자 제1세대라 할 수 있는 19세기 후반의 민족주의 사가들은 남북전쟁과 이에 따른 노예제도의 폐지는 자유와 평등이라는 미국의 숭고한 건국이념을 실현시키기 위해 마땅히 거쳐야 했던 과정이라고 보았다. 이에 따라 사가들의 눈에는 북부의 노예제 폐지론자들은 이상에 불타는 개혁가로, 그에 반해 남부의 노예제 옹호론자들은 시대에 역행하는 한낱 지각이 없는 무리들로 비쳐졌을 뿐이었다.

그러나 1920년대에 이르러 역사학계에는 뉴잉글랜드 퓨리턴(청교도) 중심의 역사해석에 반기를 드는 신사조가 거세게

불어닥쳤다. 이미 터너(Frederick Jackson Turner)는 그보다 한 세대 전에 민주주의의 요람은 '청교도'가 아니라 '서부'에 있다는 충격적인 화두를 들고 나왔다. 뒤이어 남부문학의 르네상스라고 일컬어지는 1920년대에는 남부 지역의 정체성을 찾으려는 노력이 활발히 일어나면서 남부사도 대두되었다. 그들은 지난날 노예제도의 장점뿐만 아니라 그 제도를 옹호했던 세력의 마인드를 재평가하면서 그 사상에도 깊이와 도덕성이 있음을 재발견하게 된다. 반면, 이 시대의 문필가들은 건국시조와 나란히 신성하게 추앙받아 왔으며, 미국 정신의 근원으로서 인식되어 왔던 퓨리턴들을 독단적이고 편협하고 인간미라고는 전혀 없는 졸속한 인간들로 평가절하하였다. 바로 이 퓨리턴의 후예들이야말로 19세기 전반기에 노예제도 반대에 앞장선 사람들이었던 것이다.

한편, 1920년대는 미국에서 자기 나라의 지나온 발자취를 미화하는 전통적 역사서술을 비판한 혁신주의 역사서술이 전반적으로 유포되던 시기였다. 학자들은 사회를 계층 간의 갈등 구조로 파악하는 새로운 사회경제적 연구방법론을 수용하였다. 이는 볼셰비키 혁명 후 경제적 결정론이 세계의 학계를 풍미하던 것과 궤를 같이 했다. 이에 따라 미국에서도 남북전쟁은 노예제도를 둘러싼 도덕적 대결이 아니라 북부 산업세력이 남부의 농업사회를 정복한 것에 불과하다는 새로운 패러다임이 등장했다. 역사의 궤도가 경제적 요인에 따라 귀결된다고 보는 시각에서는 역사의 진행을 담당하는 주체측의 도덕성은 부정되고 그들이 가진 냉정한 경제적 지배욕만 부각될 뿐이었다. 이에 따라 패망한 남부 노예주의의 부도덕성은 면죄부를 받은 셈이고, 이 시대의 대중은 '바람과 함께 사라진' 남부의 환영에 매료되었다. 결국 혁신주의 사조는 미국 전체의 역사와 더불어 남부의 역사에 대한 재평가를 가져왔다.

그러나 제2차세계대전 후, 미국이 대제국으로 떠오르자 다시금 미국의 탁월함을 예찬하는 합의주의 사가들이 부상하였다. 이들은 냉전구도하에서 공산주의와 대결하기 위해, 미국인들은 원래 다른 나라와는 다르게 숭고한 가치관을 갖고 나라를 건설했다는 미국 예외주의(American exceptionalism)나, 다양한 이민들은 미국이라는 용광로에서 동질적으로 다시 태어난다는 용광로 이론(Melting Pot)을 내세우며 미국인들 사이의 대동단결을 강조하였다. 그 결과 다시 한번, 미국의 통일성과 응집력을 해치고 지역적 특성을 고집, 고수하던 지난날 남부의 노예제 옹호론자들은 역사적 의식이 없고 비도덕적인 타락한 군상으로 전락하였다.

노예제도를 바라보는 현대의 시각

1960년대 반문화와 신좌파의 대두는 또 한번 거듭해서 이러한 역사해석을 뒤엎는 결과를 가져왔다. 이 시기에는 1920년대 남부사가들의 학문적 업적을 재평가하는 노력이 두드러지게 나타났다. 그 결과 지금은 학계에 흔히 알려진 이론들,

예를 들면 북부의 노예제 폐지론자들도 남부인과 마찬가지로 인종주의자였다는 설이 유행처럼 퍼졌다. 이 이론을 더욱 밀고 나아가면, 북부인들의 노예제도 반대는 결국 위선적이며, 타 지역의 문화를 존중할 줄 모르는 자기 중심적인 처사에 불과하였다는 설이 된다. 이를 더욱더 확대해석한다면, 노예해방과 같은 큰 개혁도 결국은 북부의 이기주의에 의해 영도되었으므로, 미국은 자유와 평등이라는 건국이념을 위해 한 일이 전혀 없으며, 그러한 개념은 미사여구에 그치는 신화에 불과하다는 뜻이 된다. 그럼에도 불구하고, 이 혹독한 자기 비판적 역사서술은 미국의 건국이념 자체를 부정하려는 것이기보다는 그것을 올바르게 실현하기 위해서 여태껏 소외되어 왔던 흑인들을 미국사회의 당당한 구성원으로 끌어안아야만 한다는 긍정적 메시지를 포함하고 있다.

이렇듯 한세기 동안 번복에 번복을 거듭한 노예제도에 대한 시각의 변화는 결국 이 논쟁에 다양한 해석을 가져다주면서 풍성한 논의의 장을 마련해 주었다. 필자의 견해로는, 현재는 찬반론 양측 모두에 부정적인 시각과 긍정적인 시각이 혼재하며 균형을 이룬다. 사가들은 노예제도를 옹호하던 남부인들도 완전히 비인간적이고 부도덕한 인간이 아니었음을 보여주었다. 예컨대, 노예제도는 어느 틈엔가 서서히 그러나 확고하게 남부인들 주변에 뿌리를 내려서, 그들이야말로 드디어 그 제도 자체에 얽매인 처절한 노예와 같이 되어 버렸다고 여겼으며, 본의 아니게 옴짝달싹 못하게 되어버린 이 19세기 남

11

부인들에게 동정어린 눈길을 돌리게 되었다. 또한 역사가들은 북부의 노예제 폐지론자들도 완전무결하게 순수한 이상주의자만은 아니었던 것을 파헤쳤다. 그들은 북부인들이 전개했던 노예제도 폐지운동 자체 내에도 그들의 인종적 편견을 드러내는 한계성이 있다는 것을 보여 주었다.

여기에서 노예제도에 대한 종교적 시각이 어떠했는가를 논의하기 전에, 우선 미국의 노예제도가 어떻게 시작되었는가를 간략히 살펴보자.

노예사냥꾼, 근대 노예무역의 시작

아프리카인들이 유럽의 노예로 대대적으로 유입되기 시작한 것은 15세기 후반으로 거슬러 올라간다. 이즈음 원양항해의 신기술을 익힌 포르투갈인들은 아프리카 서안에서 남쪽을 따라 희망봉에 이르는 항로를 개척하였다. 그들은 호기심에서 아프리카 해안에서 마주치는 흑인들을 유럽 대륙으로 끌고 갔으나, 점점 그들을 노예로 판매하게 되면서 해안의 마을들을 습격하여 흑인을 노획하는 노예사냥을 자행했다. 그러다가 포르투갈인들은 아프리카 서북쪽에 있는 아조레스(Azores) 군도나 마데이라(Madeira) 같은 섬들에서 아프리카인들을 집단적으로 수용하며 사탕수수 재배를 시작하였다. 당시 아랍인들이 즐겨 먹던 설탕은 유럽에 소개되어 고소득 작물이 되었다. 16세기에 들어서자 사탕수수농장 경영은 신대륙 경략(經略)에 나섰던 스페인들에게 전수되었다. 신대륙에서 스페인인들은 미 대륙의 원주민들을 노동자로 썼으나 여러 이유로 그들을 점점 흑인들로 대체했다. 그리고 점차 이 흑인노예들은 카리브 해역에서 생산되는 사탕수수 재배에 대대적으로 투입되었다. 뒤늦게 그곳에 진출한 다른 유럽국가들도 스페인을 본받아 사탕수수 농장을 세웠다.

이렇게 아메리카에서 흑인노예의 수요가 늘어가자, 아프리카의 노예사냥은 계속되었다. 처음에 노예사냥꾼은 백인이었다. 그러나 점차 백인 노예무역상들이 흑인부족들 사이에서 이미 잡힌 전쟁포로나 범죄자를 취합하면서, 어떤 부족은 주변의 다른 부족을 침략하는 노예사냥으로 주업을 바꾸기도 했다. 스페인에 뒤이어 네덜란드, 영국, 덴마크, 프랑스인들도 노예무역에 참여하였다. 그리하여 대서양 횡단 노예무역은 유럽 각국에서 16세기부터 그것에 대한 금지조치가 내려지는 19세기 중반까지 계속되었다. 수익성이 높았던 노예무역이 폐지되자, 유럽의 노예상들은 아시아로 눈길을 돌려 노동력이 모자라는 아메리카 각지에 중국인들을 쿨리[苦力]로 팔아치우는가 하면 그 후 이와 비슷한 값싼 노동력의 획득은 일본과 한국에서도 잠시나마 이루어졌다.

노예무역의 과정, 운반에서 판매까지

노예무역의 첫 번째 과정은, 노예를 아프리카 내륙에서 잡아 해안가로 옮기는 아프리카대륙횡단(slave caravan route)의 과정이었는데, 노예생포에서 일어나는 살육을 제외하고도 이 과정에서 약 20%의 노예가 사망하였다고 추정된다. 두 번째 과정은 악명 높은 '중간항해(middle passage)'로서 아메리카로 향하는 대서양 횡단이었다. 서구의 노예상들은 일단 해안가에 도착한 아프리카인들을 옷감, 그릇, 총포, 술 같은 것과 교환하였다. 그 후 이 흑인들은 기항지(寄港地)에 있는 큰 흙구덩이로 지어진 노예집적창고에 한동안 수용되었는데, 그곳은 주로 개들이 지키고 있었다고 한다. 이렇게 해서 잡혀 온 자들이 약 200명 내지 300명 모이게 되면, 선장은 노예를 배에 싣고 '중간항해'를 시작한다.

노예들을 배에 실을 때는 공간의 효율적 사용을 위해 배 밑바닥에 노예를 이층이나 삼층으로 차곡차곡 실었다. 그들에게는 150cm도 안 되는 높이에 겨우 몸을 움직일 수 있을 정도의 공간만이 주어졌으며, 발목에는 쇠고랑이 줄줄이 채워졌다. 때때로 선원들은 그들을 갑판으로 끌고 올라가서 몸을 펴고 신선한 공기를 마시게 하기도 하였다. 약 두 달쯤 걸리는 '중간항해'에서 노예들의 20%가 더 죽었다. 17세기에 사망률은 25%로 높았으나 19세기에는 10% 정도로 떨어졌다고 추정된다.

노예무역의 마지막 과정에서는 대서양을 건너 서인도제도

(카리브 해의 섬들)에 집적된 노예가 몇 년간 '길들이기(season-ing)' 기간을 보낸 후 상품이 되어 미국이나 브라질 같은 아메리카의 각지로 팔려가게 된다. 이 기간에 흑인들은 브로큰 잉글리쉬나 스페인어를 약간 익히면서 귀향의 염을 접고 고분고분하게 현실 적응의 태도를 보이기 시작하고, 드디어 아메리카 대륙의 항구에 있는 노예시장에서 경매에 부쳐져 새로운 주인에게 팔려나갔다.

'중간항해' 결과 아메리카에 유입된 노예의 숫자는 대략 1,200만 명 정도로 추정된다. 이것은 종래의 학설에서 대략 300만 명 내지 800만 명을 줄인 숫자이다. 요즈음의 통계에 따르면 '중간항해' 중의 사망률도 종래의 20-30%에서 약 10%로 낮추어졌으며, 이 수치는 무역에 종사하는 백인 선원이나 유럽에서 외국으로 파견된 군대의 비전시(非戰時) 사망률 또는 백인 이민의 사망률과도 비슷한 것이라는 주장도 들린다. 그리고 항해 도중 난파하거나 파산한 것까지를 포함하는 총 노예무역의 평균수익률도 30%에서 10%로 깎아내림으로써, 노예무역이 다른 상품을 취급하는 무역에 비해 폭리를 취한 것이 아니었다고 말하는 사람도 있다. 종래에는 노예무역에 한번 성공한 선주가 투자의 10배 내지 20배에 이르는 이득을 거머쥔다고 믿었으나, 요즈음의 시각은 그 이익이 몇 배에 못 미쳤을 것이라는 평가도 있다. 이러한 시각은 그동안 비인도적이란 지탄받아왔던 노예무역상의 이미지를 쇄신하려는 것이 아니냐는 비판을 야기하기도 한다.

노예무역의 수익성과 미국의 경제발전

근래에는 아메리카의 다른 지역에서보다 특히 미국에서 노예들의 자가 증식률이 높았던 것이 주목받고 있다. 예컨대, 모든 시기를 통틀어 아메리카 대륙과 도서로 수입된 노예 중에서 단지 5%만이 미국으로 유입되었다. 그러나 이들의 숫자는 1950년이 되자 아메리카에 거주하는 전체 인구 중에 약 30%에 달할 정도로 미국에서 살고 있는 흑인의 숫자가 늘어났다. 반면 카리브 해역에서는 노예무역 전체의 30%의 흑인이 유입되었으나, 아메리카 흑인의 20%만 살고 있다는 통계보고가 있다. 이러한 인구학적 분석의 결과는 지난 시대에 정설로 받아들여졌던 미국노예의 생활 여건이 라틴아메리카의 그것보다 열악하였다는 학설에 반론을 제기한 것이나 다름없다. 인구의 자연증식이 높다는 것은 곧 그들의 삶의 여건이 양호하였다는 것을 나타낸다는 근거에서이다. 종전에는, 라틴아메리카의 노예들이 교황의 교권과 국왕이 마련한 법의 보호를 받으며 미국의 노예들보다 훨씬 안락하게 살았다고 여겨졌었다.

이상과 같이 60년대부터 이루어진 수정주의자들의 견해는 대서양무역에서 미비한 많은 점을 보충하여 주었다. 그럼에도 불구하고 이에 관련된 여러 가지 문제에는 아직도 논의의 여지가 많이 남아 있다. 노예무역이 얼마나 많은 흑인들을 아메리카로 유입시켰는가, 항해 도중에 얼마나 많은 흑인들이 죽었는가 그리고 노예무역은 얼마나 수지가 맞았던가 등에 대한 논의는 예전부터 현재까지 반론에 반론이 거듭되고 있다. 예컨대, 노예제 폐지론자들은 아메리카로 수입된 노예의 숫자를 많이 잡았고, 노예무역상의 수익이 높았다고 강조하고, '중간항해' 도중의 노예의 사망률도 높이 측정하였다. 이런 것들은 노예들의 열악한 처지를 고발하려는 저의를 갖고 있었다. 반면, 노예제 지지론자들은 수입 숫자와 수입 지역에서 노예의 사망률을 적게 잡았다. 그리고 노예무역의 수익성도 낮게 잡고 '중간항해' 도중의 사망률도 낮게 보았다.

여기에서 한 걸음 더 나아가, 노예제 찬성론자들은 미국의 노예들이 아프리카의 움막집에서보다 더 좋은 의식주생활을 하고 문화의 큰 혜택을 누렸으며, 기독교도로 개종할 수도 있었기에 결국 노예제도는 미개한 아프리카인을 문명의 세계로 인도한 견인차 역할을 했다는 억지도 부렸다. 그리고 그들은 미국인들이 노예사냥과 같은 저주받을 일은 하지 않았다고 주장했는데, 그 근거로 미국에 실려 온 노예들은 이미 아프리카 부족 간의 싸움에서 전쟁포로가 되어 노예화된 사람들이었기 때문에 노예상들은 그 노예들을 상품으로써 전수받았을 뿐이므로 노예사냥의 죄과가 없다는 논리를 들었다. 물론 이것은 대서양 횡단 노예무역에 대한 도덕적 비난을 벗어나려는 저의가 있다. 그런데 야릇하게도, 이와 비슷한 논지의 주장이 지난 20~30년간 강세를 띠고 있으며, 이것은 요즈음 대두되는 노예제 배상문제에 대한 대응전략에 본의 아니게 학술적 근거를 마련해 줄 수 있는 위험도 내포하고 있다.

그러나 아프리카 민족주의 사가들은, 아프리카 부족 간의 싸움은 유럽인이 그곳에 도래하면서부터 치열하게 시작되었음을 강조한다. 서구인들이 부추긴 물물교환의 열망은 부족 간의 싸움을 조장하여 노예사냥이나 매매를 주업으로 삼는 부족을 출현시켰고, 그 결과 아프리카 부족들 간의 질서와 평화는 무너지고 종족 간의 혈투가 일어났으며, 이는 현재까지도 골이 깊은 영향을 주고 있다고 주장한다. 게다가 유럽인들의 무차별적인 산업개발이 아프리카의 생태계를 파괴해서 지금과 같은 지구온난화 시기에 아프리카 초원지대의 건조화를 가속화했다고 비난하고 있다.

한편, 종래에는 노예무역의 수익성이 높아서 그것이 영국의 산업혁명을 일으키는 데 자본을 제공하였다고 보았다. 그러나 요즈음은 노예무역에서 오는 자본 축적은 자본주의를 형성하는 데는 그 기여도가 미미했다고 보는 것이 정설이다. 그럼에도 불구하고 노예무역이 미국에서 중상주의 경제의 발전을 가져왔다는 것은 의심의 여지가 없다. 뉴잉글랜드 무역업자들은 프랑스나 카리브 해역의 사탕수수농장에 밀가루, 콩, 돼지고기와 같은 노예의 식량과 건축에 필요한 목재를 수출했다. 그 대신 그곳에서 당밀(설탕 엑기스)을 사들여 럼주를 만들어서 아프리카에 팔고, 그 수익금으로 노예를 사서 다시 아메리카에 파는 삼각무역을 발달시켰다.

하인에서 노예로 전락하기까지

　북미 대륙의 영국 식민지에 흑인이 처음 실려 온 것은 1619
년 네덜란드 무역상이 아프리카에서 20명의 흑인을 버지니아
식민지에 들여오면서부터였다. 그러나 노예제도가 뿌리내리기
시작한 것은 약 반세기가 더 흐른 후다. 아프리카에서 강제로
끌려온 이 노역자들은 처음에는 노예의 신분을 갖지 않았다.
왜냐하면 영국에는 노예제도가 없었으므로 그들을 딱히 노예
라는 특별한 신분으로 묶어둘 수 없었다. 그리하여 그들은 당
시 영국에서 이민단에 많이 포함되어 있었던 백인 계약노동자
와 비슷한 처지로 취급되었다.

　당시에 미국으로 이민을 온다는 것은 생사의 위기를 걸어
놓고 하는 모험이나 다름없었다. 2~3개월 걸리는 험난한 항

해 끝에 아메리카 대륙에 도달하면, 그곳에서의 생존이 보장되는 것도 아니었다. 이런 험난한 길을 영국에 사는 보통 사람들이 감수할 리 없었다. 그리하여 이민단은 지휘부에 속하는 소수의 귀족이나 부유층과 더불어 많은 떠돌이들로 충당되기가 일쑤였다. 후자의 대부분은 계약노동자의 신분이었고, 그들은 식민지로 오는 선박요금을 무료로 얻는 대신에 식민지회사가 소개해주는 사람에게 고용되어 몇 년 정도 무료로 봉사해야 했다. 이들은 계약이 끝날 때에 주인이나 회사로부터 자립할 근거가 될 만큼의 땅을 받고 자유농민으로 성장할 기회를 가질 수 있었다.

식민지 초기에 아메리카에 강제로 끌려 온 흑인들은 종신봉사와 신분의 세습이라는 노예 특유의 차별을 받지 않았다. 남아 있는 기록들을 살펴보면 노예와 이 계약노동자들이 한때 같이 노동하면서 어울려 지냈던 흔적을 볼 수 있다. 때로는 흑백노동자들은 함께 도망치기도 하였다. 그러나 수십 년이 지나면서 아프리카인들은 점점 노예제도라는 멍에를 걸머지고 백인들과는 확연히 구분되는 최하층의 신분으로 살게 된다.

이렇게 흑인들과 백인 노동자들의 신분이 차별화되어간 데는 여러 가지 이유가 있다. 가장 큰 이유는 17세기 중반부터 흑인의 유입이 대폭 증가한 데에서 찾을 수 있다. 당시 영국은 크롬웰 통치하에서 네덜란드가 누렸던 해상권을 장악함으로써 경제가 호전된다. 따라서 미국으로 이민을 가려고 마음먹었던 계약노동자의 수가 대폭 감소하기에 이른다. 게다가 17세기 말에 이르면 식민지에서의 토지 획득도 예전과 같이 수월치 않게 되었고, 꾸준히 하락하고 있던 담배가격은 한층 더 아메리카로 향하는 이민의 열을 식혔다. 한편 해상권을 장악한 영국이 노예무역에 대대적으로 뛰어든 것도 그 원인이었다. 이런 복합적 요인으로 흑인의 유입이 많아지면서 그들에 대한 편견과 우려도 강화되었고, 그들을 관리하고 단속해야 할 제도와 기구가 발전하였다.

흑인의 수가 늘어난 데에는 주인들이 흑인을 더 선호한 이유도 있었다. 흑인노예의 삶의 여건이 때로는 백인 계약노동자보다 더 나았다. 흑인노예들은 주인의 재산이었으므로 적어도 상품가치 차원의 배려 하에서 보다 좋은 노동 조건을 제공받을 수도 있었고, 그 덕분에 노예들은 더욱 양호한 노동력을 제공할 수도 있었다. 그리고 만일 도망가는 경우에 백인 계약노동자들은 찾기가 힘들었으나 흑인들은 눈에 잘 띄었으며, 흑인은 백인보다 남부의 찌는 듯한 더위에 더 잘 견뎌냈기 때문에, 일꾼으로써 주인들의 호감을 더욱 사기도 했다. 이러한 여러 요인은 노동의 주역이 왜 계약노동자에서 흑인으로 바뀌었는가를 설명해준다.

노예신분으로의 법적 정립

이러한 변화를 반영하며, 1640년대경에 흑인들이 노예의 신분으로 전락하고 있다는 증거가 나타나기 시작한다. 예컨대,

그 무렵 버지니아 주에서는 두 명의 백인 계약노동자와 한 명의 흑인이 함께 도망간 일이 있었다. 그들은 붙잡혀서 함께 법정에 서게 되었는데, 백인 노동자들은 주인에게 1년 더, 그리고 식민지 정부에게 3년을 더 노동으로 봉사해야 하는 처벌을 받았다. 한편 붙잡힌 흑인에 대해서는 그의 봉사기간의 연장을 요하는 법적 처리가 이루어지지 않았다. 이것은 이미 이 흑인이 종신노동을 해야 하는 노예의 신분을 가졌다는 것을 암시한다. 그리고 그 당시 흑인노동자의 시장가격이 백인보다 높았던 사례나 매매문서에서 흑인들의 노동자 신분이 자손에게 세습되는 증거가 더러 나타나는 것으로 미루어 보아, 이때쯤 흑인들이 노예화되기 시작했다고 볼 수 있다.

그로부터 20년이 지나 노예제도는 확실히 법적인 근거를 갖게 되며 이때부터 흑인들은 노예의 신분으로 전락한다. 그 예로, 버지니아와 메릴랜드의 법에서는 흑인이 종신노동(service durante vita)에 종사하고, 노예의 신분이 모계(母系)로 세습된다고 명시하면서 공식적으로 노예제도를 인정하였다. 흑인을 다스리는 법률(Negro Codes)은 흑인이 백인과 결혼하는 것, 총포(銃砲)를 소지하는 것을 금지하였고, 흑인은 재판에서 백인에 대항해서 진술할 수 없으며 투표권도 갖지 못한다고 못박았다. 또 노예가 외출할 때에는 주인이 써준 통행증을 지참해야 하며, 노예나 자유흑인 서너 명이 백인의 참여 없이 한데 모여 있는 것도 금지되었다. 백인 순찰대에게는 길에 가는 노예가 통행증을 가졌는가를 조사할 수 있고 또 노예가 총포를 불법 소유하였는가를 조사하기 위해 주기적으로 노예의 집을 수색할 권리가 부여되었다. 그런가 하면 이 법률에서는 백인 순찰대에게 비행을 저지른 노예를 구타할 법적인 권리를 부여했으며 그들에게 말채찍의 사용이라든가 뼈를 부러뜨리지 않고 불구를 초래하지 않는 한도 내에서 합법적으로 처벌을 가하는 종류와 방법까지 명시하였다.

자유흑인과 그들의 추락

한편, 식민지에는 노예의 신분을 갖지 않은 흑인도 살고 있었다. 자유흑인은 한때 노예였으나 어떠한 이유로든 해방된 사람들을 뜻한다. 그들은 주인에게 충실히 봉사한 대가로 아니면 주인과 혈연관계가 있어서 자유를 얻기도 하고, 어떤 사람들은 그럭저럭 재산을 모아서 자신의 자유를 산 사람들도 있었다. 그리고 이 자유흑인의 자손들은 자유의 신분을 계속 유지했으나 시민의 범주에는 들지 못했다. 그러므로 그들도 노예처럼 흑인법에 의해 별도로 다스려지고 있었다. 그러나 1680년대부터 노예제도가 심화되면서 흑인인구 중에서 자유흑인이 차지하는 비율이 점차 줄어들었다. 예를 들면, 1664년과 1677년 사이에 버지니아의 노담튼(Northampton County)에는 101명의 흑인이 살았는데, 그 중에서 약 29%는 자유인이었고 그들 중 13명이 토지를 소유하고 있었다. 그러나 1680년대부터 흑인인구 중에서 자유흑인이 차지하는 비율은 점차 줄어들었다. 또 다른 예로는 1676년에 버지니아의 변경 지방에서 동부의 정치세력에 저항하여 일어났던 베이컨 반란에서는 백인주민, 하인, 흑인들이 함께 참여하였다. 그러나 그 이후에는 이러한 인종 혼합적 저항 사례는 미국 역사상에 더 이상 나타나지 않는다.

그즈음부터 반세기 동안 노예제도는 더욱 강화되어 간다. 그리고 이와 더불어 흑인의 지위도 더욱 하락된다. 이에 따라 흑인과 백인 사이에는 점점 더 건널 수 없는 깊은 심연이 가로놓이면서 인종차별이 심화된다. 그리하여 18세기 중반기에 이르면 사람들은 흑인을 보면 곧 노예와 동일시하였고, 피부색만으로도 어떤 사람이 자유인인가 아니면 노예의 신분을 가졌는가를 한눈에 알아낼 수 있는 인종적 노예제도가 확고히 수립된다.

황금률 **V. 함(Ham)에 내린 저주**

그 무렵 미국의 주민들은 노예제도에 대하여 어떻게 생각했는가? 노예제도가 식민지에서 제도적으로 뿌리내리면서 노예제도에 대한 반론이 나타나기 시작하였다. 퀘이커 교도와 같은 종교집단들이 일찍부터 노예제를 반대하였다는 것은 잘 알려져 있다. 퀘이커교는 1647년에 폭스(George Fox)가 친우회(the Religious Society of Friends)를 세우면서 시작된 일종의 신흥종교였다. 퀘이커는 평등주의적 자세를 갖고 있었으며 폭스는 이미 1676년에 예수님이 흘린 피는 흑인을 포함한 모든 사람을 구원하기 위해서였다고 말하며 노예제를 반대하는 입장을 밝힌 적이 있었다. 그의 뒤를 이었던 약간 명의 퀘이커도 노예 소유를 죄악이라고 비난하며 신도들에게 노예 해방을 설득했다.

퀘이커 교도들은 1650년대부터 뉴잉글랜드에 들어와 포교 활동을 시작하다가 이단으로 여겨져서 추방당했다. 그러나 1659~1661년 사이에 추방되었던 4명의 퀘이커 교도가 다시 매사추세츠 식민지로 돌아옴으로써 그들이 처형되는 사건이 있었다. 이로 인해 식민지에서 퀘이커 교도들의 사회 개혁적 의지는 타격을 입고 크게 수그러들었다. 그로부터 20년 후에 퀘이커 교도들은 펜실베이니아 식민지를 세웠는데, 거기에서는 노예제도를 포함한 사회적 문제에 관해 과격한 자세를 될 수 있으면 억제하면서 다른 여러 종교를 가진 사람들이 조화롭게 살아가기 위한 종교적 개방주의, 정신적 평화주의를 모색하는 방향으로 나아갔다.

이러한 변화는 명예혁명 이후 영국의 사회상을 반영한 부분도 있었다. 영국의 새로운 통치자로 군림한 윌리엄과 메리는 펜실베이니아 수립자 펜(William Penn)을 의심하여 그를 한때 런던탑에 투옥시키고 그 식민지의 통치권을 취소시켰으나, 후에 펜의 충성을 다시 확인하고 그에게 식민지 통치권을 되돌려준 일이 있었다. 이것으로 펜의 개혁성향이 누그러진 것은 짐작이 가는 일이다. 또한 혁명 후 종교의 자유가 개선되었던 영국에서 퀘이커들이 즐겨 행하던 묵시록적인 과격한 종교적 설교는 이미 호소력을 잃어가고 있었다. 이에 따라 선지자와 같은 톤으로 노예 소유를 포함한 여러 가지 인간의 죄악에 대해 회개를 촉구하던 과격한 퀘이커의 지도자들은 교단 내에서 이단으로 몰리게 되었다. 식민지 건설 초기의 이러한 상황에 다른 요인도 가세되면서, 퀘이커 교도들의 인도주의는 흑인노예를 문제삼기보다는 인디언에 대한 처우개선 문제에 보다 큰 관심을 기울였다.

이에 따라 식민지에서 노예제도를 비난하는 최초의 목소리는 퀘이커들보다는, 그들이 세운 펜실베이니아 식민지에 집단으로 이주하였던 메노 교도(Mennonite)에게서 울려퍼졌다. 메노 교도는 교회와 사회의 개혁을 과격하게 부르짖으며, 1525년 스위스에서 조직된 스위스 형제단(Swiss Brethren)에 속하는 교파의 일부였다. 이 교단은 츠빙글리가 주장한 교리의 영향을 많이 받았으며, 오로지 성서에만 의지하면서 구원은 '내면의 빛'에서 온다고 믿었다. 스위스 형제단들은 정교 분리를 주장하며, 어떠한 교회 조직도 부정하는 과격한 면모를 갖고 있었다. 또한, 일상생활에서 선행을 한 자만이 세례를 받을 수 있다는 믿음을 가지고 다시 세례를 받았으므로, 이들을 재세례파라고도 불렀다. 스위스에서 박해를 받게 되자, 그들 중 일부는 네덜란드 가톨릭 신부 메노(Menno Simons)의 지도 하에 덜 호전적인 방향으로 세를 다시 규합하여 1530년에 네덜란드와 프러시아 등 북독일 지방으로 일단 이주하였는데, 이들을 메노 교도라고 불렀다. 그러나 그들은 그곳에서도 다시 박해받자 동부 유럽과 러시아까지 퍼져나갔다.

황금률, 노예제 반대의 근거

펜실베이니아에 세워진 지 2년 뒤인 1683년에 독일 서남부의 팔라틴 지방에 살던 메노 교도들이 펜으로부터 필라델피아 부근의 1만 5천 에이커의 땅을 사서 독일인 마을을 세우고 농사를 짓고 살아갔다. 펜실베이니아 더치(Pennsylvania Dutch)로 불리운 메노 교도들은 극단적인 평화주의, 평등주의, 박애주의를 표방한다는 점에서 퀘이커 교도들과 궤를 같이 하고 있었다. 예를 들면, 둘 다 모두 선서를 하는 것ㅡ그들은 일상의 언사가 선서와 다름없이 진실을 말할 뿐이라는 점에서 선서행위를 부정했다ㅡ, 공직을 갖는 것, 전쟁을 하는 것, 교회를 세우는 것 등을 성서의 가르침에 위배가 된다고 반대하였고, 소박한 복장과 경건한 생활태도를 갖고 있었다. 그러나 메노 교도들은 점차 퀘이커에 흡수되었고, 독일인 마을도 펜실베이니아에 합병되었다. 그러나 이보다 2세기 뒤에 이민 온 메노 교도는 에미쉬로 알려져서 그들만의 평화적 농촌공동체를 이루며 아직도 펜실베이니아에서 살고 있다.

1688년 2월 메노 교도들은 독일인 마을의 한 신도의 집에서 월례기도회를 가졌다. 여기에서 그들은 "우리는 사람들을 훔쳐서 팔거나, 그런 사람들을 이곳에 유입하는 것을 단호히

29

반대한다"라는 말로써 노예제도, 특히 노예의 매매행위에 반대하는 결의문을 발표하였다. 결의문에서 이들은, "우리가 백인을 노예로 사고팔고 할 수 없듯이, 비록 그들이 흑인이더라도…… 우리는 그들을 사고팔 수는 없다"고 성토하였다.

그들은 노예의 매매행위는 양심의 자유와 신체의 자유에 위배된다고 믿었다. "남에게 대접을 받고자 하는 대로 너희도 남을 대접하라"는 마태복음에 나오는 기독교의 '황금률'에 의거해서 메노 교도들은 타인들을 그들의 조상이나 피부색에 상관없이 평등하게 대할 것을 촉구하였다. 메노 교도들은 『신약성서』를 믿음의 기초로 삼았다. 그 중에서도 그들은 마태복음 5-7장의 '산상수훈'을 가장 중히 여겼다. 그러므로 그들이 '황금률'을 내세우는 것은 지극히 당연하였다.[1]

메노 교도들은 결의문에 있는 사안들을 펜실베이니아 퀘이커의 계절모임과 연례회의에 제출하였으나 호응을 못 얻었고, 그 후 키스(George Keith) 같은 과격파 퀘이커가 다른 식민지의 퀘이커 모임에 메노 교도들과 비슷한 이유를 들며 노예해방을 촉구하는 진정서를 제출했을 때도 결과는 마찬가지였다. 그 당시 상당수의 퀘이커 교도들이 서인도제도와의 노예무역에 종사하였으며, 그 때문에 노예의 매매나 노예제도 자체에 반대하는 자들은 소수에 불과하였던 것이다. 그러나 메노 교도들이 일찍이 부르짖은 '황금률'에 의거한 인도적 정신은 훗날 더욱 거세지는 노예제 폐지론의 중심 사상으로 자리하게 된다.

식민지 초기에 주로 메노 교도나 퀘이커들이 노예제를 반대하는 목소리를 높였다 하더라도, 그들만이 반대를 한 것은 아니었다. 소수지만 뉴잉글랜드에서도 노예제도를 반대하는 저술들이 나돌았다. 그 중 대표적인 것으로는 매사추세츠의 판사 씨월(Samuel Sewall)이 1700년에 보스턴에서 '팔려 가는 요셉 (Selling of Joseph, a Memorial)'이라는 팸플릿을 출판한 것을 꼽을 수 있다. 그는 이 팸플릿을 출판하기 몇 년 전에 세일럼 마녀재판을 주관했던 판사 중의 한 사람이었다. 그러나 그 후 그는 교회에서 19명의 목숨을 앗아간 재판에 대해서 참회하였고, 이 팸플릿은 그때의 참회의 기록을 실어서 3년 후에 출판되었다. 다른 재판관들도 재판의 오류를 인정하였고 재판 후 약 20년이 지나자 그때 처벌을 받아 고인이 된 죄인들을 복권시켜 주었다. 씨월의 소책자에는 요셉이 애굽으로 팔려가는 창세기의 이야기가 실려 있다. 그것은 야곱이 그의 어린 아들 요셉을 편애하자 이를 질투하는 이복형들이 요셉을 노예로 팔아치웠다는 이야기이다. 그는 예전부터, 이렇게 해서 노예로 전락했던 자들이 있기는 있었으나, 이는 요셉이 팔려갈 때 잘 나타나듯이 강제성을 띠면서 성립했다는 것을 지적하며 성서는 이 강제적 납치로 이루어진 매매와 노예제도를 결코 승인하지 않았다고 논하였다.[2]

씨월 판사는 자유란 생명에 버금가는 소중한 것이기에 아무도 그것을 타인으로부터 빼앗을 수 없다면서, 모든 사람은 아담의 자손으로서 자유를 가질 권리, 편안하게 존재할 권리가 있다고 주장하였다. 이러한 주장의 근거로 그는 바울이 아덴에서 전도할 때, 하나님이 "인류의 모든 족속을 한 혈통으로 만드사 온 땅에 거하게 하시고 저희 연대를 정하시며 거주의 경계를 한하셨으니…… 우리가 (모두) 그의 소생이니라"고 말한 사도행전의 구절을 들었다. 그의 이러한 논의는 흑인들도 원래는 다 같은 하나님의 자손이었으나, 그들이 살게 된 지리적 환경으로 말미암아 그들의 모습이 백인과 달라졌다는 것을 암시한다. 확실히 창세기 3장 20절에서는 "아담이 그 아내를 하와라 이름하였으니, 그는 모든 산 자의 어미가 됨이더라"는 말이 실려 있다.[3]

이에 덧붙여 씨월은 모세가 십계명을 받았을 때 여호와가 "사람을 후린 자가 그 사람을 팔았든지 자기 수하에 두었든지 그를 반드시 죽일지니라"라고 폭력에 관한 법을 이르셨다고 상기시켰다. 그는 노예제도는 원래 아프리카에서 폭력적으로 사람을 납치하면서부터 시작했기에, 폭력에 관한 기독교적 엄벌이 노예를 매매하거나 거느리는 사람 모두에게 적용된다고 주장했다.[4]

함의 저주, 성서는 노예제를 승인했다

이상과 같은 씨월의 참회는 곧 법률가 사핀(John Saffin)의 반격을 몰고 왔다. 그가 성서는 노예제도를 용인하였다면서 그 제도를 비호하였기 때문에, 씨월은 그의 팸플릿에 노예제도를 지지하는 사람들이 즐겨 성서에서 인용하던 텍스트를 조목조

목 반박했다. 노예제도를 수호하려는 사람들이 즐겨 되뇌었던 이론은, 성서는 이교도를 노예로 삼는 것을 인정하였으며, 노예제도는 창세기 이래 존속해 왔던 전통적인 제도로 성서에 나타나며, 그러므로 성서는 노예제도를 승인하였다는 것이다. 특히 그들이 내세우는 가장 중요한 성서적 근거는 창세기에 나오는 소위 함이 받은 저주의 이야기다. 노아에게는 세 아들, 셈, 함, 야벳이 차례로 있었다. 노아는 방주에서 나온 후 처음으로 땅 위에 포도밭을 일군 뒤, 포도주를 마시고 취하여 장막에서 벌거벗은 채로 잠이 들어버렸다.

"가나안의 아비 함이 아버지의 하체를 보고, 밖으로 나가 두 형제에게 고하였다. 그러나 셈과 야벳이 옷을 취하여 자기들의 어깨에 메고 뒷걸음쳐 들어가서 아비의 하체를 덮었으며, 그들이 얼굴을 돌이키고 그 아비의 하체를 보지 아니하였더라. 노아가 술이 깨어 작은아들이 자기에게 행한 일을 알고 이에 가로되, **가나안은 저주를 받아 그 형제의 종들의 종이 되기를 원하노라,** 또 가로되 셈의 하나님 여호와를 찬송하리로다. **가나안은 셈의 종이 되고,** 하나님이 야벳을 창대케 하사 셈의 장막에 거하게 하시고 **가나안은 그의 종이 되게 하시기를 원하노라** 하였더라."[5]

노예제 찬성론자들이 즐겨 찾던 또 하나의 중요한 전거는 아브라함이 하나님의 부름을 받고 가나안으로 이주할 때에도 노예제도는 이미 잘 존속되고 있었다는 것이다. 여호와가 인도하는 대로 아브라함이 가나안을 향하여 출발할 때,

　　"아브라함은 그의 아내 사라와 조카 롯과 하란에서 모은 모든 소유와 얻은 사람들을 이끌고 가나안 땅으로 가려고 떠나서, 마침내 가나안 땅으로 들어갔더라"[6]는 것이다.

　씨월은 '함의 저주'에 대한 반론으로 아프리카인(Black Moors)은 가나안의 자손이 아니고, 에티오피아인(구스인, Cush)들의 후예이므로 함의 저주는 아프리카인들에게 떨어지지 않았다고 맞섰다. 『구약』의 창세기와 역대상에서 "함의 아들은 구스와 미스라임과 붓과 가나안이요"라는 구절이 나온다. 그리고 앞서 인용한 함의 저주에 대한 성경의 문구를 정확히 해석하면, 하나님의 저주는 함에 떨어진 것이 아니고 세 번이나 명확하게 함의 막내아들 가나안에게만 향한 것이었다고 씨월은 지적하였다. 그러므로 구스는 가나안의 형이므로 '함의 저주'와는 아무 상관이 없다고 그는 역설하였다. 이어서 가나안의 후예는, 그때 받은 저주로 말미암아 종국에는 여호수아가 요단강을 건너 가나안 지방을 점령했을 때 모두 죽임을 당해 후손이 끊어졌으며, 이스라엘의 종이 된 자들은 그때 조슈아에게 투항해왔던 기브온인(Gibeonites)이었다고 주장하였다.

　씨월이 지적했듯이, 역대상에는 모세를 따라 애굽에서 나온 이스라엘인들이 그 후 여호수아의 인도로 요단 강을 건너 그

서편을 정복하였다는 이야기가 나온다. 그리고 이 과정에서 이스라엘인들은 가나안을 점령하여 그 족속을 하나도 남기지 않고 절멸시켰고, 투항해 온 기브온인을 노예로 삼았다는 이야기가 여호수아에 나타난다. 이러한 성경의 구절에 의거해서 가나안에 대한 여호와의 저주는 완벽하게 성취되었다고 보는 견해가 종교계에서는 있어왔다.[7]

그러므로 씨윌의 이러한 주장을 남부 종교인들도 더러는 인정하였다. 예를 들면, 1820년대에 침례교 목사 퍼먼(Richard Ferman)은 가나안인은 다 죽었다는 주장을 인정하며, 성서가 노예 제도를 용인하였다는 근거를 오히려 '희년(the year of jublee)'의 텍스트에서 구하려 하였다. 그러나 대부분의 남부인들은 그것이 교리적으로 올바르든지 오류이든지 간에, '함의 저주'가 노예제도를 승인하였다고 줄곧 믿어왔다. 그것은 다른 어떠한 것보다 그들이 가장 보편적으로 의존하던 성경의 텍스트였다.[8]

씨윌은 또 에티오피아인은 너무 더운 지방에 사는 환경적인 여건으로 피부가 검게 되어버린 것이라고 주장하였다. 그는 "구스인이 그 피부를, 표범이 그 반점을 변할 수 있느뇨, 할 수 있을진대 악에 익숙한 너희도 선을 행할 수 있으리라"[9] 라는 예레미아의 구절을 인용하며 흑인들도 구원받을 수 있다고 암시하였다. 또한 "방백들은 애굽에서 나오고, 구스인은 하나님을 향하여 그 손을 신속히 들리니"라는 시편의 텍스트를 제시하며, 구스라는 이름으로 아프리카인 모두가 이해되고 그들의 개종은 약속되었으므로, '함의 저주'가 흑인과는 관계가

35

없음을 강조하였다. 게다가 그는, 아브라함이 이미 노예를 소유하고 있었다는 설에 대해서도 그가 노예를 매입하였다는 확실한 기록이 없는 한 그러한 주장을 받아들일 수 없다고 억지스러운 논리를 펼치기까지 했다.[10]

이렇게 북아메리카 식민지에서 노예제도가 확고히 뿌리내리기 시작하던 17세기 중엽부터, 노예제도를 반대하는 목소리 또한 나타나기 시작했다. 메노나이트에서 시작하여 퀘이커, 그리고 퓨리턴들 중에서 노예제도를 비난하던 자들은 비록 다수를 차지하지는 않았으나, 그들은 성서의 텍스트에 확실하게 의지하면서 노예 매매의 부당성을 고발하였다. 그리고 그 논지의 핵심은 네가 대접받기를 원하는 대로 남을 대우하라는 '황금률'이었다. 한편 노예제도 지지자들도 이에 맞서서 '함의 저주'를 들면서 성서가 노예제도를 승인하였다는 점을 완강히 주장하였다. 노예제를 둘러싼 찬반 양론은 세월이 지남에 따라 심화·확대되면서 그 모습을 달리 해간다. 그러나 '황금률'과 '함의 저주'에 대한 신념은 노예해방 때까지 꾸준히 양측의 세력대결 논리의 핵심을 이루게 된다.

공화국 건설과 노예제의 갈등

17세기 말부터 미국독립 혁명기에 이르는 거의 한세기 동안 노예제도에 대한 논의는 소수의 종교인들을 제외하면 거의 현상유지 상태였다. 그러나 혁명기가 되자 정치적, 경제적, 사상적인 이유로 다시금 노예제도의 존속에 대한 논의가 일어나기 시작했다. 앞서 언급한 메노 교도가 노예제도 전반에 대해 비판적 견해를 가졌더라도, 특히 그들이 구체적으로 추진했던 것은 노예매매에 대한 반대운동이었다. 이 매매행위에 대한 반대는 점차 퀘이커교단 내에서 과격파들이 주도권을 쥐게 되면서 퀘이커의 기본 취지로 받아들여졌다. 그리고 혁명기 즈음에 이르러서 그들은 미국에서 노예매매행위를 금지하는 제도적 장치를 마련하는 데 앞장서게 되었다.

이를 보다 자세히 설명하면, 18세기 중엽에 이르러서는 그때까지 노예문제에 대해 비교적 조용했던 퀘이커교단 내에 변화가 일어난다. 1758년에 교회의 공직에 봉사할 수 있는 자격에서 노예 소유자를 제외시키면서 반노예제 세력이 주도권을 쥐게 되었고, 드디어 퀘이커 교도들은 노예제 반대운동을 조직화하기 시작하였다. 이러한 세력 변화에는 대각성(The Great Awakening), 영국 퀘이커들과의 연계 그리고 프렌치 인디언 전쟁(유럽에서는 7년 전쟁이라 불림)의 발발과 같은 복합적인 요인이 작용하고 있었다.

대각성이란 청교도 이주가 시작된 이래 세속화되어가던 식민지 사회에 종교적 각성이 드높아져 1740년대에 교회 수립과 신도의 수 등이 급증했던 현상을 말한다. 이때는 뉴잉글랜드로의 이주가 시작된 이래 한세기가 흐른 후였다. 그동안 점점 부유해진 식민지 사람들의 종교적 열의는 식어갔고 따라서 세속화가 빠르게 확산되고 있었다. 보스턴 같은 도시에서는 사람들이 교회보다는 커피 하우스에서 만나 담소하는 새로운 풍속이 생겼다. 또 내륙 쪽 산록의 변경지대에는 정착민들이 점점 많이 들어서게 되었다. 그러나 이렇게 확장되는 개척지대에는 교회가 압도적으로 모자라고 목사들의 수도 터무니없이 모자랐다. 어떤 선교사들은 이 산기슭에 오두막집을 짓고 살던 개척민들 집에 성경책 한 권도 없이 동물적으로 살아간다고 개탄하기도 했다. 이에 따라 교단에서는 목사는 물론 단시일 내에 수련한 전도사들을 개척지대에 파견하여 순회하면서 부흥회를 열고 또 변경인들에게 성경보내기운동 같은 것도 일으켰다. 이 전도사들의 대열에는 식민지 출신뿐만 아니라 영국에서 파견된 여러 교파의 전도사들도 참여하여 함께 활발한 전도활동을 벌였다. 한번 부흥회가 열리면 변경지대의 주민들은 교파를 초월하여 모여들었기 때문에 종교적 열의가 고조되었으며, 이러한 새로운 종교적 각성은 미국 식민지 전역에 파급되었다.

영국에서 파견된 전도사들 중에는 퀘이커 교도도 포함되어 있었다. 당시 영국의 퀘이커 교도들은 카리브 해역에서 노예제도 반대운동을 전개하고 있었다. 식민지의 퀘이커 교도들은 그들과 연락망을 구축하면서 미국으로의 노예수입반대운동에 더욱 박차를 가했다. 퀘이커 순회선교사들 중에는 울만(John Woolman)이나 레이(Benjamin Lay)같이 노예매매 반대, 인디언에 대한 처우개선, 전쟁반대를 외치며 이름을 날리는 자들도 있었다. 특히 레이는 설교하던 도중에 체리주스를 주님의 피라면서 노예를 소유한 자들에게 뿌림으로써 물의를 빚기도 했다.

한편, 미국 식민지에서 프렌치 인디언 전쟁이 일어나자, 펜실베이니아는 더 이상 무기를 들지 않는다는 퀘이커 교도들의 시금석 같은 평화의 교리를 지킬 수 없었다. 그 결과, 노예제도 문제에 소극적이던 퀘이커의 기득층은 세를 잃고 펜실베이니아 식민지 정부의 공직에서 물러났다. 이런저런 요인으로 퀘이커 교단 내에서는 점차 반노예제 세력이 주도권을 쥐게 되었고 보다 적극적인 자세로 노예제 문제에 대처하게 되었다.

퀘이커 교도들은 대륙회의가 개최되던 해인 1775년, 필라델피아에서 도망와서 이미 자유를 획득한 노예들이 다시 잡혀가는 것을 방지하고자 하는 모임을 조직하였다. 그리고 그들을 대표하는 베네제트(Anthony Benezet)는 대륙회의에서 노예수입금지를 촉구하는 연설을 하였다. 그 후 노예제반대협회가 여러 주에서 수립되었으며, 퀘이커들은 이러한 전국적인 반노예제 활동의 중심이 되었다.

드디어 1794년에 메릴랜드와 버지니아를 포함하는 10개 주에서 노예제반대회의 대표들이 필라델피아에 모여 처음으로 전국대회를 개최하였다. 그들은 과격한 방법보다는 설득력에 호소하는 온건한 방법을 취하였다. 그들의 목표와 활동은 점진적인 노예해방을 모색하며, 노예의 매매행위를 금할 것을 촉구하면서 주와 연방의회에 탄원서를 제출하고, 노예노동으로 만들어진 제품에 대한 불매운동을 하고, 자유흑인을 교육시키기 위하여 야학을 여는 것이었다. 그 한 예로 뉴욕노예해방회는 1787년에 아프리카 자유학교(the African Free School)를 세웠다. 퀘이커 교도들이 중심이 되어 이끈 이러한 운동은 점차 어느 정도 성과를 거두었다. 제헌의회는 앞으로 수도가 될 워싱턴에서 노예매매행위를 금하고, 향후 20년에는 미국에서 노예무역을 금하는 법을 세웠다.

자유가 아니면 죽음을 달라

독립혁명기에는 반노예제에 대한 종래의 이론에 더하여 노예제도는 공화제 이론에 모순된다는 견해가 일어났다. 공화주의는 미국 대륙뿐만 아니라 카리브 해역에서도 맹위를 떨치고 있었다. 나폴레옹 시대에 프랑스 식민지 생 도맹(Saint Domingue)에서는 1791년부터 노예혁명이 일어나 1804년 아이티 공화국이 수립되었다. 남부의 주민들은 이러한 기류가 미국 대륙에도 퍼지면 어떻게 대처할지를 걱정했다. 노예반란에 대한 우려가 증폭되면서, 그들은 이 문제에 대처하기 위해서 흑인들을 노예제도로 복속시키는 일 외에는 별 도리가 없다고 생각했다.

한편, 로드아일랜드의 조합교회 목사인 홉킨스(Samuel Hopkins)는 대륙회의에서 다음과 같이 노예제도 폐지를 주장하는 연설을 하였다. "노예제도는 공화제의 이론에 위배된다. 우리는 '자유가 아니면 죽음을 달라!'라고 외친다. 그리고 죽음보다 노예의 상태로 전락하는 것이 더 두렵다고, 자유롭게 살지 못하면 차라리 죽음을 택하겠노라고 외쳐댄다." 이러한 소리를 흑인들이 듣는다면, 그들이 어떻게 느끼겠느냐고 물으면서 그는 흑인들이 반란을 일으키고 말 것이라고 걱정하였다. 그는 아프리카인들을 노예상태로 묶어두는 한, 신의 분노가 새로 탄생하는 나라 미국에 떨어질 것을 믿어 의심치 않았다.

홉킨스가 직접 인용한 것은 아니지만, 그는 필경 예레미아서에 나오는 예언이 실현되는 무서운 광경을 염두에 두고 있었을 것이다. 바벨론이 예루살렘을 공략할 때 예레미아에게 임한 여호와의 말씀을 듣고 유다의 시드기야 왕이 예루살렘인들과 언약하기를 그들이 모든 히브리인 노예를 해방시키고 유다인 종들을 풀어주리라 했다. 그러나 시드기야는 그 후에 그 언약을 어겼다. 이에 여호와께서 노하시어 그 벌로써 바벨론 왕의 군대가 다시 예루살렘 성을 쳐서 불사르게 할 것이라고 말씀하셨던 것이다.

너희가 변하여 내 이름을 더럽히고 각기 놓아 그들 마음 대로 자유케 하였던 노비들을 끌어다가 다시 너희에게 복종 시켜서 너희 노비를 삼았도다. 그러므로 여호와가 이같이 말하노라. 너희가 나를 듣지 아니하고 각기 형제와 이웃에 게 자유를 선언한 것을 실행치 아니 하였은즉 내가 너희에 게 자유를 선언하여 너희를 칼과 염병과 기근에 붙이리라. 나 여호와의 말이니라. 내가 너희를 세계 열방 중에 흩어지 게 할 것이며…… 또 내가 유다 왕 시드기야와 그 방백들을 그 원수의 손과 그 생명을 찾는 자의 손과 너희에게서 떠나 간 바벨론 왕의 군대의 손에 붙이리라. 나 여호와가 말하노 라. 보라 내가 그들에게 명하여 이 성에 다시 오게 하리니, 그들이 이 성을 쳐서 취하여 불사를 것이라. 내가 유다 성읍 들로 황무하여 거민이 없게 하리라.[11]

이러한 재앙이 미국에 내리기 전에 서둘러 대륙회의와 주의회들은 노예제도에 관한 문제를 심각하게 다루어야 한다고 홉킨스는 역설했다. 우리는 여기에서 이제 공화제의 이론과 성경의 말씀이 야릇하게 접목되는 것을 본다. 이제 모든 사람에게 자유를 보장하지 않으면 공화제는 존속될 수 없고, 신의 벌이 미국인들에게 내릴 것이라는 우려가 홉킨스같이 노예제를 반대하는 이들의 마음을 사로잡았다.

공화주의의 이면, 인종주의

그러나 건국조부들이 드높게 받들었던 공화주의의 원리 자체가 지금의 우리가 공화주의나 민주주의 원리에 대해 생각하듯이 모든 인간에 대한 완전한 평등을 요구하는 것은 아니었다. 당시 서구인들은 암암리에 인종주의적 시각을 갖고 있었다. 인종주의는 근본적으로는 우리가 아닌 타자에 대한 배타적 관념에 근거하고 있기 때문에, 이런 의미로 보면 모든 인종, 국가, 문화권은 나름대로의 자긍심을 가진 반면, 다른 그룹에 대해서는 편견을 갖고 있다. 예전의 중국이나 그리스를 포함한 모든 나라에서도 이런 종류의 원시적인 인종주의는 보편화되어 있었다. 17~18세기 유럽도 예외가 아니었다. 그보다 이미 오래전 원거리 항해가 이루어질 때부터 유럽인들이 아프리카 흑인이나 아메리카 원주민과 접촉하게 되면서 유럽인들의 인종주의적 요소가 싹트고 있었다고 할 수 있다.

이러한 시대적 환경으로 미국이 수립될 무렵 건국조부들이 칭송했던 공화주의에는 인종적 요소가 자연스럽게 스며 있었다. 우선 공화주의의 원리는 책임 있는 시민이 귀족 대신에 정치를 맡아 하는 것이며, 이 책임 있는 시민이란 사회운영에 드는 세금을 낼 수 있는 유산자들을 의미했다. 당시의 공화주의자들 대부분은 누구나 동등하게 참정권이 있다는 민주주의적 개념을 아주 위험천만한 선동주의와 동일시하고 있었다. 그러므로 건국조부들이 아프리카 흑인들을 정치적, 사회적으로 동등하게 대접한다는 것은 상상할 수도 없는 일이었다. 우리가 민주주의의 태두로서 추앙하는 존 로크(John Lock)마저 남캐롤라이나 주의 헌법을 기안하면서 주인이 흑인노예에 대해 절대적 권한을 가진다는 것을 암시하였을 정도이다. 그러므로 노예제도를 반대하는 공화제 이론에는 상당한 제한성이 있었다.

죄의식과 자유를 향한 움직임

한편, 그동안 노예제도는 북부에서 수익성이 높지 않았기 때문에 점차 자연도태의 길을 걷고 있었다. 지리적 조건으로 인해 뉴잉글랜드 지방에서는 대대적인 농업이 발전하지 못했다. 그들의 농업은 주로 자급자족적인 경영에 머물러 있었고, 그 대신 북부에서는 상업을 위주로 하는 경제구조가 발달하였다. 이렇게 중소 상공인들이 주로 경제의 주역을 담당하는 북부에서는 일거리가 별로 없을 때에도 일년 내내 먹여 살려야 하는 노예노동이 경제적으로 부담이 된다는 것을 발견했다. 그곳에서는 오히려 임금을 지불하는 자유노동이 더 효율적이었다. 그리하여 1777년 버몬트를 선두로 해서 1804년에 이르러서는 북부의 모든 주들이 점진적으로 노예제도를 폐지하였다.

북부인들이 노예노동이 수지에 맞지 않는다고 폐지해 버렸다면, 남부인들은 노예제도에 대하여 어떻게 느꼈을까? 혁명기에는 남부인들도 북부인들과 마찬가지로 노예제도가 남부에서도 머지않아 사라질 것이라고 믿었다. 그들도 대부분 노예제도는 본질적으로 죄악이며 공화국 건설에 저해가 된다고 보았다. 그러나 남부인들은 이미 어쩔 수 없이 그 제도에 기반한 사회에서 살아 왔고, 살고 있으므로 당분간은 현상 유지 외에는 도리가 없다는 착잡한 감정을 갖고 있었다.

버지니아 목사 폰테인(Peter Fontain)이 그의 동생에게 보내는 서한은 남부의 종교인이 이 시기에 노예제도를 필요악으로 여기며 죄의식을 느끼던 모습을 잘 보여 준다. 그의 동생은 노예제도가 기독교 정신에 위배되지 않는가를 편지로 물어왔다. 이에 대하여 폰테인 목사는 다음과 같이 답장을 보냈다.

아프리카에서 노예를 사온다는 것은 확실히 범죄적 처사이다. 그러나 버지니아에서 노예 없이 산다는 것은 거의 불가능한 일이다. 만약, 스스로 나무를 베고, 켜고, 호미질을 할 수 있을 만큼 건강하지 않으면 굶어죽기 딱 알맞다. 곡물의 가격도 치솟기 일쑤여서, 노예를 부리지 않고는 힘들어서 이곳에서는 다 노예를 사게 된다. 이렇게 해서 우리 모두는 원죄를 짓게 되고 노예를 사들이는 곳이 받는 저주 속에서 살아갈 수밖에 없다.

현실적으로 어찌할 수 없는 처지에서 남부인들이 이렇게 노예제도에 대해 죄의식을 느끼면서, 그 제도가 머지않아 자연히 소멸될 것이라고 믿었던 데에는 그 당시 자유의 기치를 높이 쳐들던 공화주의의 팽배라는 시대적 조류 외에도 경제적 요인이 작용했다. 노예노동력을 이용해서 주로 영국으로 수출해왔던 남부의 농사는 혁명 당시 영국시장과 자본 출처를 잃으면서 수익성을 완전히 잃어버렸다. 이에 반해 먹여 살려야 할 노예의 수는 증가 일로에 있었다. 이에 따라, 남부 자체에서도 노예제 무용론이 대두되었다. 노예제 무용론의 경향은 특히 남부의 윗부분(Upper South)에서 강했다. 왜냐하면 그 지역이 바로 침체되는 담배농사로 인해 노예노동력이 남아 돌아가고, 노예가격 하락에서 오는 문제점을 가장 많이 안고 있었기 때문이다. 노예제 무용론을 주장한 버지니아의 정치가 아서 리(Arthur Lee)는 노예제도는 노예나 자유인을 모두 함께 타락시키며, 그것은 인도적 관점에서 충격적이고 기독교 정신에 혐오스러울 만큼 위배되기 때문이라는 에세이를 썼다. 그리고 제퍼슨이나 워싱턴 같은 남부의 지도자들도 언젠가는 노예제가 자연도태하리라고 믿었다. 제퍼슨은 아직 주민이 이주하지 않고 빈 땅이었던 오하이오 강 이북의 영토에 대해 토지계획을 수립하는 서북조례를 1787년에 기안하면서 그곳에서 노예제도를 금지했다. 그리고 워싱턴은 실현되지는 않았지만, 자신의 노예를 다 해방시켜 주라는 유언을 남겼다.

　또한 혁명의 시대적 분위기는 흑인들 자신에게도 용기를

주어 자유를 향한 움직임을 만들었다. 1777년에 매사추세츠에서 자유흑인들은 21세가 되는 노예를 해방시켜 달라는 탄원서를 주하원에 제출하였다. 그들은 노예제도가 기독교 사회에 어울리지 않는다고 역설하면서, 그것은 자연권 사상에도 위배되고 자유사회에서 용인될 수 없는 일이라고 주장하였다. 이러한 요구는 두서너 해 뒤에 받아들여졌다. 1791년에는 찰스톤에 살던 자유흑인들도 비록 수용되지는 않았으나, 그들이 법정에서 증언을 할 수 없고 배심원 판결을 받지 못하는 그릇된 처사를 시정해 줄 것을 요구하면서, 그들이 법 앞에 시민으로서 백인들과 동등하게 설 권리를 달라고 남캐롤라이나 주의회에 탄원서를 보냈다.

이렇게 건국기에는 종교적 논의가 공화제 이론과 혼합되면서 한 차원 더 달라지는 탈바꿈을 하였다. 미국인들은, 더 이상 노예제도가 인간윤리에 근본적으로 위배된다는 도덕적 차원에만 머물지 않고, 그것을 반공화적이라고 비약시키면서 노예제 논쟁의 틀을 확장시켰다. 그것은 미국에서 새로운 국가를 건설해나가는 시대적 요청에 부응하는 논리의 전개였다. 신의 계시에 따라 세계에서 최초로 근대 공화국이라는 새 나라를 세우고자 하는 국가적 사명에는 신의 가호가 있어야 했다. 그러나 노예제를 반대하는 이들은 비기독교적인 노예제는 신의 분노를 가져와 국가건설에 걸림돌이 된다고 피력하였다. 그리고 퀘이커를 중심으로 전개된 노예매매금지운동에서 역설된 네가 대접받기를 원하는 대로 남을 대우하라는 '황금률'

은 여전히 그들의 핵심 이론을 차지하고 있었다.

타협, 타협, 타협······

　그러나 노예제 문제는 국가건설의 과업에서 지역 간의 이익이 얽힌 복잡한 내용을 내포하고 있어서, 혁명기에는 다급하게 꼭 풀어야 할 사안으로 처리되지 않았다. 건국시조들은 노예문제에 대하여 지역 간의 견해 차이를 적당히 타협함으로써 우선 이 문제에 대한 세부사항을 각 주에 맡기고, 훗날 후손들이 풀어갈 수 있는 여지를 주었다. 예컨대 독립선언서의 서문은 인간은 모두 평등하게 태어났다고 말문을 연다. 그러나 미국의 헌법은 헌법상의 권리를 모든 '사람'들에게가 아니라 흑인이 제외된 모든 '시민'에게만 부여한다고 명시했다. 또한 '3/5법칙'을 세워 남북의 타협을 도모했는데, 이것은 연방하원 선거에서 선거권이 없는 남부의 노예 한 사람을 3/5인으로 셈하여 투표인구로 계산한 것이다. 그 근본 취지는 백인인구가 적은 남부에서 의회에 대표자를 보내는 수를 늘려 그곳의 정치적 세력을 북부와 균형을 이루게 하고, 의회에 대표자를 보내는 수에 비례하여 연방 정부에서는 주에 세금을 부과했기 때문에 국고수입을 증대하려는 차원에서 이루어진 타협이었다. 또 하나의 타협은 앞으로 수도가 될 워싱턴에서 노예매매를 금지하고, 또 헌법제정 20년 뒤에는 미국 전역에서 노예수입을 일체 금지하는 조치였다. 당시 남부의 윗부분은 담배농사가 부진하여 놀고 있는 노예들이 많았고, 이들은 남부 아래쪽으로 팔려갔다. 노예수입금지는 계속되는 노예가의 하락을 완화시켜주었으므로 남부의 윗부분에서는 이런 처사를 마다하지 않았다. 한편, 제헌의회는 남부를 만족시키기 위해서 도망노예법을 세워 도망노를 잡으면 주인들에게 돌려줘야 한다는 규정을 만들었다. 헌법은 또한 '노예'라는 말을 어느 한 곳에서도 언급하지 않음으로써, 노예에 관한 권리와 의무의 경계를 정하기를 피해갔다.

이렇게 혁명기에는 노예제도에 대한 종교적 논의가 공화국 건설이라는 시대적 상황과 맞물려 한층 더 익어가고 있었다. 그럼에도 불구하고, 당시 건국조부들은 흑인들에 대해 인종차별적 감정을 암암리에 공유하고 있었으므로 공화주의와 노예제도가 모순된다는 의견은 제한적으로만 받아들여지고 있었다. 한편, 노예제도에 대한 종교적 죄의식도 흑백인을 포함해 남북부 전역으로 광범위하게 확산되어 갔으나, 노예문제는 어쩔 수 없는 현실의 여건으로 말미암아 대부분 현상유지 상태로 이어졌다. 그리하여 노예문제에 대한 논의는 노예를 소유한 자나 소유하지 않은 자나 대부분이 서로 다른 상대방의 생활 스타일을 극심하게 비난할 정도에 이르지는 않았다.

지치지 않는 농기계, 노예

미국에서 노예들은 면화, 담배, 쌀, 사탕수수 농사를 지었다. 이것을 시대순으로 살펴보면, 첫 번째는 체사피크 연안(Chesa- peake Bay)의 담배농사였다. 미국으로 이민 온 영국인들은 처음에는 스페인 제국에서와 마찬가지로 광산개발을 할 수 있지 않을까 하는 희망을 가졌으나 그것은 곧 이루어질 수 없는 꿈이었음이 판명되었다. 그리하여 그들은 수익원(收益源)으로 다른 대안을 찾으려고 노력한 결과 포카혼타의 남편이 된 존 랄프(John Ralph) 덕분에 1610년경에 담배농사를 수익상품으로 개발하는 데 성공하였다. 담배는 원래 미국원주민들이 제례(祭禮)를 올릴 때 사용하던 것이었는데, 재화를 만드는 데 귀재였던 영국식민지인은 연기를 뿜어대는 이 신기한 기호품을 결국 상품화하여 유럽에 유통시키는 데 성공하였다. 그리하여 담배는 전세계에서 400년 동안 톡톡히 사랑받아 왔으며, 요즈음 들어 혐오식품으로 전락하여 멸종의 위기를 맞고 있다. 당시 담배가 얼마나 중요한 작물이었는가는 식민지 시대에 미국에서 담배가 위스키와 더불어 화폐로 사용되었다는 점에서도 잘 알 수 있다. 그러나 수익성이 좋던 담배농사가 독립혁명 즈음에 가서는 과잉생산과 토지척박화 현상으로 부진해짐으로써 담배농사를 짓던 남부의 윗지역 노예들이 쓸모없게 되었다. 그래서 1830년대에 이르자 노예주들은 면화와 사탕수수 재배로 힘차게 팽창해가는 앨라배마나 미시시피를 포함한 남부의 아랫지역(Deep South)에 잉여 노예들을 많이 팔았다.

그 후 남캐롤라이나에서는 1690년경에 엘리자 핑크니(Eliza Pinckney) 덕분에 쪽농사가 개발되었다. 그러나 이것 또한 독립전쟁 당시 영국 정부로부터 지원비와 판로가 막혀 파산되어 버렸다. 쪽농사가 망하면서 나타난 것이 면화농업이다. 처음에 재배되었던 면화의 품종은 바다섬 목화로 바다안개가 끼는 섬이나 바닷가에서만 자랄 수 있는 것이었다. 그러나 곧 신품종이 개발되어 내륙지방에서도 면화재배가 가능하게 되었다. 서서히 내륙지역으로 퍼져가던 면화농장은 1800년대를 기점으로 '면화 붐(cotton boom)'을 맞으면서 남부의 전역으로 급속히 팽창하게 되었다. 그것은 18세기 중반부터 일기 시작한 영국의 산업혁명 덕분이었는데, 새로이 설립된 영국의 방직공장은 원면의 공급을 끊임없이 요구하였고, 미국은 그것을 공급할 수 있는 최적의 나라로 떠올랐다. 그곳의 남부는 기후가 온난하여 면화재배에 알맞았고 무한대의 땅이 있었다. 단지 노동력이 부족하였는데 미국인들은 이 문제를 바로 노예의 수입이라는 방법으로 해결하였다. 게다가 미국인 휘트니(Ely Whitney)가 수확한 면화에서 씨를 발라내는 조면기를 발명하면서 종전의 수작업에서보다 작업의 능률을 열배나 확대시켰고, '면화 붐'에 더한층 박차를 가하였다. 그 결과 면화농장은 구남부(Old South)의 구석구석에 남아 있는 땅을 메우면서, 서남쪽으로 팽창하여 갔다. 이로부터 면화재배는 남부 농장을 대표하는 작물이 되었다. 19세기 초부터 남북전쟁에 이르는 기간에 미국에서 가장 큰 종목별 수출액은 언제나 면화가 차지하였다.

남부의 또 다른 중요한 작물은 쌀이다. 그것은 아프리카의 마다가스카르(Madagascar)에서 온 한 선장이 남캐롤라이나 식민지에 볍씨를 전해주면서부터 시작되었다. 백인들은 당시 쌀농사를 지을 줄 몰랐으므로 흑인들은 그 볍씨를 자신들의 식량으로 가꾸기 시작하였다. 아프리카에서 쌀농사를 짓는 방법은 우리와는 틀려서 수면이 낮은 나일 강에서 우기에 강물이 범람할 때 강물을 배수로로 끌어들여 물꼬를 막은 후 경작하는 방법을 쓰고 있다. 이런 쌀경작법은 남캐롤라이나의 흑인들에게 전수되었다. 노예들이 먹는 쌀을 맛보게 된 백인주인들은 이를 좋아하게 되었고, 이것도 드디어 유럽을 겨냥한 수출상품으로 개발되었다. 쌀농사는 조지아, 아칸소, 앨라배마 등지의 준(準) 아열대 기후 지역의 해안가나 강가로 퍼져나갔다.

마지막으로 중요성을 갖는 작물은 미시시피와 루이지애나
와 같이 무더운 남부 아래쪽에서 재배하는 사탕수수이다. 이
지역에 대규모의 농장이 발달한 것은 1820년대 이후 남부에
이주민들이 정착하면서부터이다. 이곳은 이미 남부에서 부(富)
가 상당히 집적된 뒤에 늦게 등장한 농장지대이므로, 새로 세
워지는 사탕수수농장 규모는 보다 일찍 수립된 면화농장보다
훨씬 크고 농장주 또한 더욱 호화로운 생활을 하였다.

노예들의 삶과 노동

　　노예들이 어떻게 일하고 어떻게 살았는가는 주인의 성격은
물론, 작물 재배의 다양성이나 그들이 거주하는 곳에 따라 달
랐다. 우선 면화농사지대의 노예들은 대부분 집단노동(gang
labor)을 했다. 파종기에는 대개 10-20명 정도 되는 곡괭이반이
일렬로 앞서가며 노예 십장의 지시대로 괭이질을 한다. 그 뒤
를 호미반이 뒤따르고 노래도 불러가며 땅을 고른다. 여름의
성장기에는 서너 차례 호미로 김을 매준다. 수확기에는 목화를
따고, 비오는 날에는 헛간에서 목화씨를 고르는 일을 한다. 노
예의 일은 남녀노소의 능력에 따라 일수(一手, full hand), 반수
(半手, half hand), 반의 반수(半의 半手, quarter hand)로 나뉘어져
분담되고, 일주일에 한 번 배급되는 식량이나, 3년에 한 번 주
는 모포의 공급도 이에 따라 구분된다. 어린아이들은 대개
5~6세가 될 때까지는 일을 하지 않는데, 주로 노예 노파들의

보살핌을 받고, 그 연령 이상의 어린이들은 밭에서 일하는 어른들에게 물을 떠다 준다든가 완두콩을 심는 일 같은 것을 도와주었다. 이러한 집단노동은 담배농사지역에서도 행해졌다.

노예들은 농장의 주작물(主作物)을 생산할 뿐만 아니라 자신들의 식량을 위한 옥수수농사도 함께 짓는다. 여름날의 대부분은 이러한 농사 일정으로 바쁘다. 수확기에 일손이 모자라게 되면 노예들을 이웃 농장으로 품앗이 보내는데 이때 젊은이들은 이웃 노예들과 사랑에 빠지기도 한다. 바쁜 속에서도 모닥불 주위에 둘러앉아 밤을 새워 수확한 옥수수 껍데기를 벗길 때면 때로는 잔치 분위기가 무르익기도 한다. 겨울이면 한차례 크리스마스 휴식을 갖고, 가장 추울 때를 택해, 우리들이 마치 김장을 하듯이 많은 수의 돼지를 훈제하며 월동 준비를 한다. 좋은 햄이나 베이컨은 주인 차지이고 비계 부분은 소금에 절여진 상태로 노예들의 식량으로 비축되어 여름 내내 우거지와 함께 삶아 먹는다. 남은 겨울 동안 남자들은 주로 농장의 수리나 건설 등의 일을 하고, 여자들은 창고에 모여서 목화를 고르는 일 등을 한다. 그리고 다시 파종기가 오고, 농사 일정은 바빠진다.

쌀농사지대에서는 이상과 같은 전형적인 집단노동과는 달리 할당제(task labor)라는 비집단적인 형태의 노동이 주로 행해졌다. 이것은 노예의 능력에 따라 매일 아침 농장주인이나 관리인이 그날의 할 일을 정해주는 것이다. 대부분의 노예들은 오후 두어 시쯤이 되면 자기가 맡은 할당량을 다 해치운다.

그러면 푹푹 찌는 나머지 오후 시간을 자유롭게 쉬거나 저녁 나절에 자신의 채소밭을 가꾸면서 보낸다. 때로는 이들에게 의복 대신에 옷감이 배급되고 간단한 옷은 지어 입는다. 그리고 그들은 자기 몫으로 재배한 약간의 식품을 농장 밖에 사는 사람들과 교환하기도 했다.

이러한 생활 형태를 보고 어떤 이들은 쌀농사지대의 미국노예들은 거의 소작농과 비슷한 모습(proto-peasant type)으로 살았다고 주장한다. 그러나 그렇게 단정하기에는 여러 가지 여건이 부족하다. 비록 미국의 농장은 넓은 면적을 갖고 있으나 노예들은 농장울타리 바깥으로 나갈 수 없었기 때문에 그들의 운동반경에 극심한 제한을 받았고, 매일 작업 전후에 일에 대한 지시와 검사를 받았으며, 주작물(主作物)의 수확물에 대한 처분의 과정에도 전혀 참여하지 못했다. 그리고 노예들 사이에 어느 정도의 물물교환이 있었더라도 그 규모는 상당히 작아서 옥수수 한두 됫박 정도가 보통이었고, 대부분의 노예들에게는 농장의 수익작물인 쌀이나 목화를 스스로 가꾸는 것이 금지되었다. 이런 점으로 미루어볼 때 미국노예들을 소작농이라 부르기에는 미흡한 점이 많다.

사탕수수농장에서 일하는 노예들의 노동은 매우 힘들다고 잘 알려져 있다. 우선 아열대의 찌는 더위에 마치 옥수수 나무 줄기같이 가슴 높이까지 오는 작물을 모내듯이 빽빽이 심은 곳에 들어가 김을 매고 줄기를 자르며 수확하는 일들은 고역이었다. 그리하여 이 지역에서는 흔히 저녁 무렵이나 달밤에 일을 하곤 하였다.

　미국 남부에서는 대부분의 노예들이 농촌에서 살았으나, 어떤 노예들은 도시에서 살았다. 그리고 그들이 농촌에 사는가 도시에 사는가에 따라 하는 일도 달랐다. 큰 농장에서 사는 노예는 농사, 가사, 장인 노예로 구분되었다. 농장에는 목수나 대장장이 등이 있어서 농장 내의 건축물의 유지는 자급자족으로 이루어졌다. 가사를 돌보는 노예로는 요리사, 하녀, 유모, 마부 등이 있었다. 농촌에서 살던 노예들도 노예를 몇 명밖에 소유하지 않았던 주인에게 소속되어 있으면 하인과 같이 닥치는 대로 여러 가지 일을 하였다. 도시의 노예는 하인이나 장인이 많았는데 어떤 주인들은 노예를 많이 거느리고서, 마치 요즘 사람들이 건물을 세를 놓듯이 노예들을 대여하여 수익을 올리기도 하였다.

노예에게도 가정과 문화가 있었어요

백인주인의 그늘에서 힘들게 살아 온 노예들도 그들 집단 사이에서 그들만의 공동체와 문화를 이룩하면서 생활했다. 남부의 농장도 사람이 사는 사회인만큼 노예와 주인 사이에 어느 정도 상호 의존적인 부분이 있었고, 주인은 미약하나마 가부장적 온정주의로 흑인들을 배려했다. 이러한 시각은 지난 30년간 노예제도에 대해 가해졌던 가장 큰 수정적 견해이다. 또 어떤 학자들은 남부의 농장은 높은 수익을 올리는 합리적인 기업경영의 면모를 갖고 있어서 노동자인 노예들을 혹사시키지 않았다는 주장도 했다. 가부장적 온정주의나 합리적 경영이 미국노예의 노동과 삶의 조건에 어느 정도 영향을 미쳤는가에 대해서는 논란의 여지가 있으나, 아무튼 미국의 노예들은 그들

나름대로의 생활과 문화의 영역을 구축하고 있었다.

험난한 강제노동의 악조건에서도 아프리카인들의 삶을 받쳐주고 있었던 것은 그들끼리의 연대감과 문화, 가정과 종교였다. 남부의 전형적인 농장의 구조는 농장 앞쪽에 농장주의 저택이 있고, 그와는 격리되어서 노예들의 주거지가 밀집해 있는 노예구역(slave quarter)이 있다. 그들은 경작지로 함께 가서 한데 일하고, 같이 쉬고, 작업을 마치고 돌아오면서 이런저런 이야기도 나누고 또 일요일에는 함께 기도를 드리며 자신들만의 시간을 가졌다. 비록 집단농장의 사회였지만 노예들은 백인의 손이 와 닿지 않는 곳에서 틈새문화를 만들어가며 자신들만의 행동규범과 가치관을 세우고 백인의 지배적 문화와는 색깔이 다른 독특한 세계를 구축해갔다.

예컨대, 어른들은 아이들에게 아프리카의 옛날이야기도 들려주고, 약초채집을 함께 하면서 아프리카의 전통적 약방문도 가르쳐 주었다. 그리고 노예구역에서 일어나는 어떠한 일도 주인의 귀에 들어가지 않도록 아이들을 단도리 하면서 그들만의 결속을 굳게 지켜갔다. 이렇게 아이들은 어릴 때부터 주인 앞에서와 그들 사이에서 두 가지 얼굴을 갖는 생존 전략을 익히게 되었다. 노예들은 언젠가는 메시아가 나타나 자기들의 속박을 풀어줄 것을 말 없이 믿었고, 아이들에게 하늘나라에서는 피부색의 경계를 넘어 모두가 동등하다는 믿음도 전수해 주었다.

노예들은 그들만의 세계에서 주인을 조롱하는 우화를 만들어 은유적으로 표현하기도 하고, 다음과 같은 풍자적인 노래를 자기들끼리 마음껏 부르기도 했다.

> 나의 주인은 나에게 약속하였네.
> 그녀가 죽기 전에 나를 풀어주리라고,
> 그러나 그녀는 대머리가 까지도록 하도 오래 살아서
> 죽을 때가 됐다는 생각마저도 까맣게 잊어버렸네.

해방 후에도 이러한 흑인의 문화적 전통은 면면히 이어져 내려와서, 1920년대에 카운티 컬린(Countee Cullen)은 그의 풍자시에서 다음과 같이 읊었다.

> 저기 저 천국에 가서도
> 그들 계급은 늦게까지 코를 골며 단잠을 자고,
> 흑인들은 아침 일곱 시에 일어나
> 하늘나라의 허드렛일을 하리라, 그녀는 착각하네.

노예들은 아프리카인 특유의 관능적 시각에서 그들의 사랑도 노래했다.

> 검디검은 새까만 검둥이
> 그는 테네시에서 내려왔다네.
> 붉은 눈에 푸르게 빛나는 잇몸,
> 돌풍이 한번 세차게 불어오니
> 그의 '셔츠 테일(Shirts tail)' 자락이 바람에 날렸네.12)

노예 가정과 종교

노예공동체의 기본 단위가 되었던 것은 가정이었다. 노예들
은 법적으로 결혼할 수가 없었으나 그들 나름대로 사실혼을
하면서 가정을 이루었다. 농장 내에서 그리고 노예들 사이에는
이러한 법적 영역 외의 결혼이 사회적으로 인정되었다. 그러나
주인이 어떠한 이유에서건 노예부부를 갈라놓으려고 한다면
막을 길이 없었다. 근본적으로 노예들은 주인의 재산이었기 때
문이다. 보통 때는 주인들도 노예들이 가정을 이루며 살아가는
데 아무런 문제를 제기하지 않았다. 오히려 안정된 가정생활
을 하는 노예들이 일도 더 효율적으로 한다며 그들의 가정생
활을 북돋아 주었다. 그러나 주인이 파산에 직면한다든가, 사
망하여 유산 상속문제가 불거지거나, 자식이 결혼한다거나,
농장 전체가 다른 주로 이사를 간다든가 하면, 노예가정은 주
인의 경제적 논리 앞에서 파괴되기 일쑤였다.

비록 노예들이 법적으로 결혼을 하지 못했다고 하더라도,
그들도 나름대로 예식을 갖추어 결혼을 하는 예가 종종 있었
다. 그럴 때는 목사나 전도사가 결혼식을 관장할 때가 많았다.
그러면 이렇게 주인의 임의대로 파괴될 수 있는 부부의 연을
미국의 종교는 어떻게 대응하였는가? 남부의 백인목사들은 나
름대로 다음과 같은 명민한 대응책을 고안해냈다. 미국에서
어떠한 결혼식에서건,

예수께서 대답하여 가라사대 사람을 지으신 이가 본래 저
　희를 남자와 여자로 만드시고 말씀하시기를, 이러므로 사람
　이 그 부모를 떠나서 아내에게 합하여 그 둘이 한 몸이 될
　지니라……. 이러한즉 이제 둘이 아니요 한 몸이니 그러므로
　하나님이 짝지어 주신 것을 사람이 나누지 못할지니라.[13]

라는 마태복음에 나오는 구절을 목사가 혼례의 신성한 서약으
로써 읽는다. 그러나 남부의 목사들은 노예들을 결혼시킬 때
에는 "하나님이 짝지어주신 것을 사람이 나누지 못할지니라"
라는 대목을 살짝 빼버리고 그 외의 부분만 읽었다. 심지어 어
떤 목사는 강제로 헤어졌던 노예를 다른 사람과 재혼시킬 때,
전 남편의 상태는 'civil death'라는 애매한 말로 선언하면서
새로운 혼례를 정당화했다. 그 말은 아마도 강제로 헤어진 남
편은 마치 민법상에서 아니면 사회적으로 죽은 것이나 다름없
다고 여기면서 재혼의 죄의식을 경감하기 위함이었을 것이다.
　　노예들은 그들의 가정이 이렇게 매매, 증여, 상속 등에 의해
수시로 파괴되더라도 그러한 현실을 수용하면서, 그 파괴된
가정 위에 새로운 가정을 끊임없이 세워갔다. 그리고 결혼가
정을 보완하는 차원에서 비혈연적 유대관계를 통하여 유사가
족관계(fictive kinship)를 만들어가며 아이들을 키웠다. 말하자
면, 부모가 없는 아이들을 옆집 아저씨, 아주머니나 언니, 오
빠가 친가족처럼 돌보아 주었다. 가정생활은 다른 자유인과
마찬가지로 노예들의 의식주생활과 인성교육의 구심적 역할

을 하였으며, 아프리카 전통을 후대에 전수해주는 문화적 교두보 역할을 했다.

또한 노예공동체를 유지하는 데 큰 역할을 한 것은 종교의 힘이었다. 노예들은 대각성의 바람이 식민지에 불어오자 대대적으로 개종하였다. 흑인들을 개종시키는 데는 여러 가지 문제가 따랐지만 백인들의 가장 큰 관심사는 만일 노예를 개종시킨다면, 그들이 하나님의 자식으로서 백인들과 동등한 사회적 지위와 권리를 찾으려 하지 않겠는가 하는 점이었다. 이러한 불안감을 잠재우기 위해 런던 주교는 흑인노예들의 개종이 그들의 사회적 신분에는 아무런 변화도 가져다주지 않으며, 종교의 자유는 내면의 자유를 의미할 뿐이라고 선포했다. 이러한 해석은 마틴 루터가 농민전쟁 때 제후에 반기를 들며 호소하는 농민들의 호소를 저버리면서 언급한 이래 종교계의 기본적 해석이 되었다. 그리고 이 주장은 고린도전서에 나오는 자유에 대한 해석에 많은 부분을 의거하고 있다.

각 사람이 부르심을 받은 그 부르심 그대로 지내라. 네가 종으로 있을 때에 부르심을 받았느냐, 염려하지 말라. 그러나 자유 할 수 있거든 차라리 사용하라. 주인에서 부르심을 받은 자는 종이라도 주께 속한 자유자요 또 이와 같이 부르심을 받은 자는 그리스도의 종이니라.[14]

이상과 같은 런던 주교의 선포가 있은 후, 주인들은 그제서야 노예의 개종을 적극적으로 추진하였다. 노예들은 일요일 낮에는 백인교회 뒷좌석에 앉아 예배를 보기도 하고 전도사가 농장을 순회하기도 했으며, 때로는 노예들 중의 지도자가 나서서 저희들끼리 예배를 보기도 했다. 흑인들은 백인들과 함께 부흥회에 참여하기도 했다.

이렇듯 기성교회에 참여하는 일 외에도 노예들은 자신들 방식대로 기독교를 소화하며 밤에 백인들의 눈을 피해 깊숙한 숲 속에 모여 아프리카의 주술적 종교와도 비슷한 기도회를 가졌다. '보이지 않는 교회(invisible church)'라고 알려진 이 모임에서 그들은 기독교와 아프리카의 전통을 가미하여 그들만의 종교를 구축해갔다. 흑인들은 밤중에 모여 원을 그리며 둘러서서 손뼉치고 발을 구르며 노래하였다. 그러다가 성령에 접하려고 하면 원의 중앙에 나아가 알아들을 수 없는 소리를 지르며 더러는 바닥에 주저앉기도 하고 때로는 실신하는 사람도 있었다. 그들은 그러다가 다시 깨어나 떠들썩한 종교적 행사에 계속 참여하였다. 백인들은 이렇게 종교적 황홀경에 빠져 밤새 노래하고 춤추며 예배하는 흑인들의 '보이지 않는 교회'를 마치 부두교를 보듯이 일종의 악마숭배로 여기고 금지하였으나 흑인들은 그것을 포기하지 않고 몰래 계속했다. 그들은 또 하나님을 마치 인성을 가진 아버지와 같은 존재로 이해하는 인격주의적 신앙을 신봉하였다. 흑인들은 그들에게서 노예라는 굴레를 벗겨줄 수 있는 모세나 예수 같은 지도자가 머지않아 현실로 강림할 것이라고 믿으면서 그들만의 독특한 종교를 구축해 나갔다.

전도사를 포함한 흑인 종교적 지도자들은 흑인공동체를 이끌어가는 데 큰 역할을 하였다. 목사들이 드물었던 변경지방에서 흑인은 순회전도사로 임명되었고, 흑백인 신도가 같이 모인 곳에서 설교도 하며, 개척교회도 세웠다. 흑인전도사는 포교에서만 지도력을 발휘한 것이 아니라 노예들이 반란을 일으켰을 때도 영도력을 발휘했다. 1831년 버지니아에서 일어났던 냇 터너(Nat Turner) 반란의 주모자는 흑인전도사였다. 그는 최후 심판의 날이 도래했음을 믿고 반란을 일으켜 백인 60여 명을 무차별 살육하는 등, 남부를 공포의 도가니로 몰아넣었다. 흑인 종교지도자의 영도력은 마틴 루터 킹 목사가 민권운동을 평화적으로 지도한 데에서도 잘 나타난다.

노예들의 의식주는 대부분 그 당시의 유럽의 노동자만큼은, 아니 그들보다 대개 더 잘 먹었다고 여겨진다. 경우에 따라 차이가 있으나 그들은 일주일에 한 번, 토요일에 옥수수, 소금에 절인 돼지비계 등을 위주로 배급을 받았다. 채소류 같은 것은 대개 노예들이 자신들의 텃밭에서 가꾸어 먹었다. 주인에 따라 차이가 있으나 노예들은 반공휴일인 토요일에 자신들의 빨래와 집안청소를 했고 일요일에는 대부분 예배를 보고 일손을 놓고 쉬면서 토끼사냥이나 낚시를 하러 가기도 하였다. 그리고 부부가 서로 다른 농장에 소속되어 떨어져서 사는 소위 '해외 결혼(marriage abroad)'을 한 노예들은 일요일이면 남편이 부인의 농장으로 자기의 처와 아이들을 보러 갔다.

법 울타리 밖의 흑인

미국에서는 노예를 포함한 흑인은 시민이 아니었다. 그러므로 그들은 백인시민이 가지는 인간의 기본권을 정부로부터 보장받을 수 없었다. 노예들은 어떠한 종류의 계약도 할 수 없었고 글을 배우거나 글을 가르치는 것 모두가 금지되었다. 그리고 흑인은 백인에 대항해서 소송을 할 수 없으며, 백인이 관련된 사건에서 재판시에 증인으로 설 수도 없었다. 그러나 흑인들 상호간에 일어나는 문제는 법에 호소할 수도 있었고 증인이 될 수도 있었다. 그럼에도 불구하고, 노예에게는 법적 인격이 결여되었으므로 노예의 백인후원자가 노예를 대신하여 법정소송을 해야 했다. 만일 노예가 상해를 가하거나 당하는 사건이 발생하면 그것은 법정에서 주인들의 재산상의 손실에 관한 사건으로 취급되고, 대개 벌금형으로 끝났다. 때로는 포악한 노예들은 대부분 사설(私設) 노예교도소(work house)로 보내져서 호되게 벌을 받고 감금되었다. 노예가 도망가면 마을의 순찰대가 사냥개들을 앞세우고 수색에 나섰다. 그들은 아무 데서나 수상한 흑인을 심문하고, 말채찍으로 때리고, 가택수색을 할 수 있도록 법으로 보장되어 있었다. 억울함을 법에 호소할 권리도 없고, 법의 보호 밖에 놓여 있던 노예들은 대부분 주인이 정한 규율에 따라야 했다. 즉 농장에서 주인이 세운 사적(私的) 규율이 곧 노예들의 법이었던 것이다. 특히 여자 노예들은 주인이나 농장관리인의 성적 희롱과 폭력 앞에서 무력하였다.

남부의 큰 항구도시에는 노예시장이 있어서 새로 들어온 노예를 경매하느라고 늘 분주했다. 노예무역 상사들은 대개 흑인의 대량 입하를 광고한다. 개인들이 노예 개개인을 팔 때도 광고를 많이 이용한다. 노예가격은 시기에 따라 다르나, 소위 건장한 장정은 약 천-2천 달러이고, 여자나 연로자 혹은 어린이는 그 쓰임새에 따라 값이 떨어졌다. 대개 숙련공 장인노예는 가장 비싼 값으로 2천 달러를 호가한다. 고객은 경매대에 선 노예 몸의 각 부분을 조사하고 노예는 걷기, 손가락 굽혔다 펴기, 구강 조사 등의 간단한 신체검사를 받는다. 때로는 경매장에서 가족과 생이별을 하는 일도 벌어졌으나, 대개 어린이와 어미는 한데 붙여 팔렸다. 이 일종의 노예도매시장은 노예소매상들과 연결되어 있고, 소매상들은 전국 각지를 다니면서 노예를 팔고사고 수집했다.

이렇게 미국의 노예들은 법적 보호도 받지 못한 채 매매의 대상이 되어 언제나 가정파괴의 잠재적 위협을 안고 살았다. 또 채찍질의 위협 아래 자손 대대로 인종차별을 받으면서, 폭력적 지배를 근간으로 하는 강제노동을 하며 살아갔다. 노예들은 이러한 역경을 그들의 가정이나 공동체 또 종교 생활을 통하여 그들만의 문화와 가치관을 세워가며, 슬기롭게 극복하면서 살아갔다. 그리하여 미국노예가 약 250년간의 어려운 삶을 버텨낸 것은 극심한 역경을 극복한 '위대한 인간 정신의 승리'라는 것을 부정할 사람은 아무도 없을 것이다.

벌어지는 남북의 거리

　독립혁명기에 남북의 태도가 노예제도에 대하여 타협적인 제스처를 보내고 있었다면, 1830년대에 이르면 사정이 판이하게 달라진다. 한때나마 남부인이 종전에 가졌던 노예제도 자연도태론은 점점 사라지게 된다. 그들은 노예제도를 필요악이라고 보며, 그 제도의 존속에 대해 변명하는 듯하던 종전의 태도를 버리고, 노예제도는 확실히 좋은 제도라는 '적극적 선(positive good)'이론을 주장하면서 노예제도의 장점을 열거하기 시작했다. 이렇게 남부인들이 호전적으로 노예제도를 옹호하고 나선 것은 그때쯤에서 북부인들이 노예제도 폐지운동을 급진적으로 그리고 과격하게 펼쳐나갔기 때문이다.

　1833년 필라델피아에서는 전국에서 모여든 68명의 노예제

폐지론자들이 미국 반노예제협회(the American Anti-slavery Socie-
ty)를 세웠다. 이 협회는 보스턴에서 노예제 반대투쟁을 전개
해오던 게리슨(William Lloyd Garrison)을 비롯하여 뉴욕 시, 오
하이오 주, 뉴욕 주에 근거를 둔 노예제 반대운동가들 그리고
21명의 퀘이커 교도와 여성 4명, 흑인 3명을 포함한, 그야말
로 인종과 성별을 초월한 범미국적 조직이었다. 그들은 여태
까지 백인 박애주의자들 사이에 인기가 있어 왔던 점진적 노
예제 폐지 노선을 부정하고, 노예제도를 당장 완전히 무보상
으로 폐지하라고 외쳐댔다.

점진적 폐지론자들이 10여 년 동안 추진했던 것은 미국식민
회(the American Colonization Society)가 주로 이끌던 흑인을 아
프리카의 리베리아로 이민시키는 운동이었다. 왜 하필 리베리
아냐 하면, 미국독립혁명 당시에 영국군은 식민지의 흑인노예
들이 영국군 진영으로 도망 오면 해방시켜 주겠다고 선포했다.
대부분의 노예들은 독립군 진영에서 공병의 보조역할이나 잔
심부름을 하다가 영국군 진지로 도망갔다. 영국군은 그들을 캐
나다의 노바스코시아에 주둔시켰으나 전쟁이 끝나자 이 흑인
들을 당시 영국령이었던 아프리카의 리베리아로 이주시켰다.
점진적 노예제 폐지론자들은 바로 이 리베리아로 미국의 자유
흑인들을 다 내몰아 버리면 얼마나 좋을까 생각했던 것이다.

우리는 추상적으로 흑인이 아프리카의 고향땅으로 돌아가
면 좋아했을 것이라고 단순하게 가정하기 쉽다. 그러나 이 계
획은 실패로 돌아갔는데, 그 이유는 당시 미국의 노예 대부분

이 미국 태생이어서 아프리카로 가는 것을 거부하였기 때문이다. 그들은 미국 땅을 고향이라고 여기고 있었다.

반면, 새로 조직된 급진적 노예해방론자들은 기관지를 갖추고, 순회강연을 하며, 의회에 청원서를 제출하고, 남부에 선동적인 인쇄물들을 보내며, 그들의 운동을 호전적으로 펼쳐나갔다. 한편 퀘이커 교도들과 함께 트루스(Sojourner Truth)나 터브먼(Harriet Tubman)과 같은 도망노예들은 '지하철도(Underground Railroad)'를 구축하여 남부의 노예가 자유의 땅인 북부나 캐나다로 도망가는 것을 적극 도와주었다. 북부의 이러한 강력한 공세에 맞서서 남부도 완강한 반격을 가하며 노예제도를 찬양하게 된 것이다.

노예문제로 남북 양 지역이 첨예하게 대립하게 되는 것은, 19세기 초 미국이 서부로 팽창해가면서 새로 미국으로 편입되는 영토에서 남북 양 지역이 서로 주도권을 잡으려고 힘을 겨루었기 때문이다. 나폴레옹이 전쟁 수행 등의 자금 마련을 위해 미국에 팔아버린 땅, 루이지애나 영토에 미주리 주가 1819년에 수립되려 하면서 남북의 힘겨루기가 시작되었다. 이는 면화 붐으로 남부인들이 새로운 경작지를 찾아 자꾸만 서부로 이주해간 데 기인했다. 북부인들은 남부인이 서부를 다 차지해서 노예제도를 미국 전역에 퍼뜨릴 것을 걱정했다. 당시 남북은 자유주와 노예주의 숫자가 같아 균형을 이루었는데, 자유주란 주의 헌법에 강제노동을 폐지한다는 조항을 새겨놓은 주를 말한다. 남부의 주들은 북부와는 달리 이러한 법조항이 없었기 때문에 노예제도를 용인하고 있었다. 미주리 문제는 결국 미주리를 노예주로 편입시키고, 북부에도 뉴햄프셔 주의 땅을 떼어내어 메인 주라는 새로운 자유주 하나를 세움으로써 남북의 균형을 잃지 않고, 또 이후로는 북위 36도 30분 이북의 지역에서는 노예제도를 금지하는 타협안으로 종결되었다. 이 타협으로 연방이 분열될 위기를 잠시 모면하였다.

동서 대결에서 남북 대결로

미국에서 지역적 갈등은 식민지 건설 이후까지는 동서의 대결 양상을 띠었다. 그러나 19세기 전반기에 이르면서 그것은 점차 남북의 대결로 귀결되었다. 식민지가 수립되면서부터 남부의 큰 농장들은 강 하구(河口) 주변에 세워졌는데, 그 이유는 대규모 농장은 그 안에 나루터와 자가용배를 필수적으로 갖추고 있어야 작물의 출하가 용이했기 때문이다. 대서양 쪽의 미국의 지형은 바닷가에서 내륙의 산록으로 향하고 있어 지대(地帶)가 갑자기 높아지기 시작하는 지점들이 앨리게니와 애팔래치아 산맥을 따라 남북으로 이어져 있다. 이 선을 따라 수많은 강들이 일제히 폭포를 형성하는 폭포대(瀑布帶)가 이루어지고, 이곳에서부터 배는 강을 거슬러오를 수 없게 된다. 따라서 폭포대를 지나서 서쪽으로 뻗어 있는 산록지대에는 대농장이 들어설 지리적 여건이 안 되었다. 그 결과, 식민시대를 통틀어서 정치와 경제의 중심지였던 동쪽의 해안지대와 그렇지 못했던 산간지대의 갈등이 생긴 것이다. 이러한 동서의 지역적 갈등은 어업, 해운업, 조선업과 같이 주로 바다를 무대로 경제 활동이 이루어졌던 북부에서도 마찬가지였다. 그 예로 건국 초기에 이르는 시기까지, 서부지역 주민들이 동부의 정치적 헤게모니에 저항하며 난을 일으킨 사례가 많았다. 버지니아에서 일어난 베이컨의 반란, 펜실베이니아의 위스키 반란 그리고 북캐롤라이나에서의 변경보안대(Regulators) 사건 등은 동서대결의 역사를 말해준다.

그러나 면화 붐으로 면화농장이 애팔래치아 산맥 너머로 들어서면서 상황이 급속도로 바뀌었다. 점점 동서 대결은 줄어들고, 그 대신에 남북의 갈등이 나타나게 되었다. 남부에서는 서부로 팽창하는 면화농사가 동서(東西) 사이의 공통점을 마련해 주었다. 작은 농장들은 보다 큰 농장의 노예들의 주식(主食)을 공급해주는 역할을 하며 면화농업체제 속으로 용해되어갔다. 북부는 19세기 전반 증기기관의 등장에 따르는 교통혁명시대에 진입하자 운하개발과 도로공사가 활발히 전개되어 서부 농업지대와 동부 산업지대가 긴밀히 연결되면서 동질성을 확대해갔다.

북부가 노예제 문제를 들추어내긴 했지만, 북부인들에게 인종차별적 감각이 없었던 것은 아니다. 그들이 반대를 한 것은 노예제도의 서부로의 확장이었고, 그들이 걱정했던 것은 이에 따른 지역적 세력 균형의 문제였다. 노예제도는 북부에서 폐지되었으나, 그 후 아프리카인들은 시민으로 편입되지 않은 채 자유흑인의 신분으로 남아서 계속 차별받고 있었다. 그들에게는 이동(移動)이나 계약의 자유 등이 있어서 노예보다는 많은 자유와 권리를 누렸으나 시민권이나 투표권이 없었고, 노예나 마찬가지로 흑인법에 의해 통치되었다. 이 자유흑인은 남부의 도시에도 상당히 있었는데, 그들은 장인이나 하인으로 일을 한다든가 작은 가게를 가지고 있었으며, 그들 중에는 개명한 자들도 많았다. 백인들은 이들이야말로 순진한 노예들을 부추겨서 반란을 조성하는 불순분자로 여겼다.

흑인의 인구가 미국 내에서 점점 늘어감에 따라, 백인들은 노예반란이 일어날 것을 두려워했다. 건국 당시 미국 남부의 노예는 인구의 약 1/4 정도였다. 그러나 남캐롤라이나 도서나 해안가 또는 미시시피 삼각주 지대에는 여덟 명의 흑인에 백인이 하나 있을 정도로 흑인의 인구가 훨씬 많았다. 이에 따라 흑인에 대한 단속을 더욱 엄격히 했다. 그들의 걱정을 확인하듯이 식민시대부터 틈틈이 스토노(Stono) 반란, 가브리엘 프로서(Gabriel Prosso)의 음모, 덴마크 비시(Denmark Vesey)의 음모 등이 일어났다. 그러나 대규모의 노예반란이나 음모는 1831년에 일어난 터너 반란을 기점으로 더 이상 일어나지 않았다.

그 원인 중의 하나는 1800년대부터 남부의 여러 주들이 자유흑인의 단속을 점점 강화해나간 데 있다. 그들은 노예를 해방시키는 절차를 까다롭게 하고, 자유흑인이 상점에서 점원으로 일하는 것을 금지시킨다든가 세금을 물게 하여, 세금을 못 내면 그들을 주정부나 시청에서 노예로 몰수하거나 아니면 주

(州) 밖으로 추방시키는 경우가 많았다. 그 결과 1830년경에 남부는 자유흑인이 버티고 살기에 예전보다 훨씬 더 힘든 곳이 되었다.

미국의 노예반란은 남아메리카나 서인도제도에서 일어났던 것들보다 대체로 그 규모가 작고 강도나 성공도에서도 떨어진다. 그 이유는 무엇보다도 농장의 규모가 서인도제도나 브라질 같은 다른 아메리카 지역에서는 컸고, 미국에서는 적었다는 데 있다. 그런 곳에서는 200~300명 정도의 노예를 수용하는 농장이 보편적이었음에 반해, 미국에서는 그 정도 규모의 농장은 전체의 2~3%밖에 차지하지 않았으며, 대개 농장 1개당 50명의 노예를 갖고 있는 것이 보통이었고, 큰 농장이라 해도 150명 정도를 넘지 않았던 것이다. 물론 극소수의 부유한 농장주는 이러한 농장을 여기저기에 10개 정도 가지고 있었다.

노예제 찬반론이 분분한 가운데 남북의 교회가 분열을 시작하였다. 노예제에 대한 문제로 이미 틈이 벌어지기 시작했던 교회는 1845년에는 감리교회가 각각 남부·북부 교회로 분열했고, 다음 해에 침례교회도 이 뒤를 따랐다. 이것은 남북에 위치한 사람들의 정신적인 일체성이 노예제도 문제로 이미 파괴되어가고 있음을 보여 주는 것이다. 남부인이 그토록 완강하게 노예제도를 고수하게 된 것은, 노예제도는 단지 경제적 제도만이 아니라 그들의 정치, 사회, 문화체제 전체를 떠받쳐 주고 있던 생활의 토대가 되었기 때문이었다. 그러므로 노예제도를 포기한다는 것은 그들의 생활양식 모두를 포기하는 것이나 다름없었던 것이다. 버지니아 주 의회에서 1831년에 노예제도 존속문제에 대하여 한달 동안 심각한 토의가 벌어졌는데, 결국은 노예제도를 고수하는 것으로 귀결되었고 이것은 상징적으로 남부에서 노예제 수호에 대한 일체감이 조성된 것을 보여 준다.

노예문제는 정치적 분열을 가속화했다. 그 무렵 서부에서는 노예제 폐지론자들에 대한 테러 행위도 속출하였고, 의회에서는 과격파 폐지론자였던 상원의원 찰스 섬너(Charles Sumner)가 남캐롤라이나 하원의원에게 구타당했다. 이러한 가운데 1846년에 멕시코 전쟁이 일어났고, 새로 얻은 땅에서 노예제 확장을 반대하는 사람들이 자유토지당(Free Soil Party)을 결성하였다. 캘리포니아 주(州)의 수립 문제를 놓고 남북은 또 한번 대치상황에 돌입했는데, 이것은 다시 '1850년의 타협'으로 어렵게 마무리 지어졌다. 그러나 불과 몇 년이 채 지나지 않아 캔사스-네브래스카 법(the Kansas-Nebraska Law)으로 전국이 또 다시 떠들썩해졌다. 이것은 미주리 타협의 관례에 따르면 위도상 노예제가 용인될 수 없는 캔사스 영토에서 주민의 투표로 노예제도의 존폐를 결정하도록 번복하였다. 이 법에 반대하는 다양한 세력들은 공화당을 결성하였고, 새로 수립되려는 캔사스 주 내에는 남북 양 진영의 정부가 각각 수립되어 '유혈의 캔사스(Bloody Kansas)' 사태로 충돌하여 많은 사상자를 내었다.

1860년 대통령 선거날, 드디어 링컨의 당선이 확정되었다.

그 소식이 전해지자 남캐롤라이나를 선두로 남부의 주들이 연방을 탈퇴하였다. 비록 링컨이 대통령 유세 때에 이미 노예제도가 뿌리내린 곳에서는 노예제도를 파괴하지는 않을 것이라는 메시지를 보냈어도, 남부인들은 그가 일리노이 주 하원의원 시절에 했던 말을 기억하고 있었다. 그는 갈라진 집은 제대로 서 있지 못하므로 노예제도가 하나의 연방을 이루는 데 걸림돌이 안 된다면 모르지만 걸림돌이 되면 그것을 폐지해야 된다고 말했었다. 남부에도 연방의 통합을 부르짖는 통일당(Unionists)의 지지세력이 있었으나 역부족이었다. 그러나 결국 남북은 노예제도를 평화적으로 해결하지 못하고 내전에 돌입했다.

아담의 자손인가, 원래 다른 피조물인가?

노예제 폐지론자들은 어떠한 근거로 노예제도를 비난하였는가? 남북전쟁이 일어나기 한 세대 전쯤에 노예제 폐지론은 대개 예닐곱 갈래의 정치적, 경제적, 사회적, 인종적, 종교적, 윤리적, 실제적 이론으로 정리되었다. 이러한 여러 주장에 노예제 지지론도 나름대로 대응하고 나섰다.

노예제 폐지론자들은 정치적 측면에서 볼 때 노예제도는 자유와 평등을 구가하는 미국의 공화주의와 병행될 수 없다고 주장했다. 이에 대해 노예제 찬성론자들은 그리스와 로마도 훌륭한 공화제, 민주제 아래 노예제도를 유지하고 있었으므로, 그 두 제도가 병행하는 데는 아무 문제가 없다는 반론을 제기했다.

경제적 측면에서도 노예제도 같은 강제 노동은 비효율적이므로 노동과 자본의 손실을 가져와서 경제적 수익성을 낙후시킨다고 지적했다. 이에 대해 남부인들은 노예노동에 근거한 농업은 북부 공장에서 제조된 산업제품보다 미국의 수출고에서 더 막중한 비중을 차지한다고 반박했다. 당시 남부의 농업은 수익성에서도 북부에 떨어지지 않았다. 그러나 단일경작 농업 경제체제를 고수하려는 남부가 그 당시는 높은 수익성을 자랑했다 할지라도, 산업사회로 구조적 변모와 체제 개선을 이루어가는 북부의 경제와 비교해 볼 때, 앞으로 발전을 계속 유지할 수 있는 비전은 없었다.

윤리적 측면에서는 노예제도가 근본적으로 인륜에 위배되며 도덕적으로 사악한 제도라고 비판하였다. 이에 대해 남부인들은 혹독한 자본주의에 시달리는 북부의 자유노동제도가 훨씬 더 비인도적이라고 응수하면서, 그와는 달리 남부의 노예제도는 노예주가 가부장적 온정을 베풀 수 있는 우수한 사회체제라고 반격하였다. 예컨대 조지 피츠휴즈(George Fitzhugh)는 그의 저서 『우리 모두 축제를! *Carnivals All!*』에서 북부 같은 자유노동체제 하에서 노동자는 자본가의 비정한 이해타산 때문에 항상 잠재적인 실업의 위험을 안고 살지만, 노예들의 처지는 주인의 가부장적 보살핌이 고용을 보장하고 복지를 마련해준다고 역설했다. 그는 본질적으로 비인도적인 북부의 산업사회를 인도적인 남부 체제와 대비하면서, 남부 노예들의 생활 여건이 산업사회의 프롤레타리아보다 훨씬 더 양호했다고 밑도 있게 주장했다. 그러므로 남부의 노예제도는 북부의 자유노동체제보다 훨씬 더 우수한 사회경제적 제도라고 역설하였다.

또한 노예제 폐지론자들은 사회적 측면에서 볼 때 노예제도가 사회 전체에 노예들의 게으른 습성을 만연시켜 백인들까지도 강요받지 않으면 노동을 하려 들지 않는 나쁜 습관을 갖게 되고, 심지어 그 제도는 남자들이 흑인여자노예를 성희롱하는 풍조를 조장하여 풍기문란한 사회를 만든다고 공격하였다. 이에 대해 남부인들은 게으름은 흑인들의 습성이므로 백인에게 영향을 주지 않는다고 응수했다. 또, 노예제도는 오히려 고칠 수 없는 남성의 호색적 공격성을 흑인에게 돌림으로써 백인여성의 순결을 지켜준다는 궤변마저 늘어놓았다. 반면, 실제적인 이론을 들며 노예제도를 지지하는 사람들은 그 제도가 나쁘다는 것은 인정하지만, 개인적 차원에서든 국가적 차원에서든, 현재의 수익을 대치할 만한 대안이 없다는 점을 지적하였다. 또한 그 당시 남부 전체 인구의 1/3에 달하는 많은 노예들을 해방시키면 공안의 차원에서 그들을 다스릴 만한 마땅한 방법도 없기에, 당분간 현상유지를 하자고 부르짖었다.

인종적 측면에는 성서에 관계된 부분이 많았다. 당시 초보적인 생물학계는 인류의 단인종설(monogenesis)과 다인종설(poligenesis)을 놓고 열띤 논쟁을 벌이고 있었다. 노예제 반대론자들은 흑인도 아담의 동일한 자손이라는 교리에 근거하여 모든 인간은 한 가지 종에서 비롯되어 분화됐다는 단인종설을 지지했다. 반면 노예제 찬성론자들은 하나님은 이 우주만물을 창조

할 때부터 다양한 인종을 만드셨으며 그들은 서로 전혀 관련성이 없는 각각의 피조물이었고, 이와 같이 흑백인종도 전혀 별개의 존재로서 서로 혈연적 연관성이 없다는 다인종설을 지지하고 있었다. 다시 말하면 단인종설은 흑인과 백인 사이의 인종적 연계성을 강조하였고, 다인종설은 그와는 반대로 흑백인들 사이에 인종적 관련성을 부정했다. 이렇게 남부인들은 흑인과 백인은 근본적으로 틀리며, 흑인은 우둔하고 신체가 강건하여 육체노동에 알맞고, 어떤 사회에서건 3D 직종의 일을 할 사람이 꼭 필요한데 흑인은 이것에 아주 적합하다고 믿었다. 노예제도가 남북전쟁으로 소멸되는 19세기 후반이 되면 다윈의 진화론에 힘입어 생물학적 인종주의가 강화되는데, 원래 진화론은 단인종과 다인종설을 절충한 것으로 애초에 종은 한 가지였는데, 돌연변이를 일으켜 새로운 변종이 나타나면서 진화가 오고 종의 다양화를 이룩한다고 논했다. 그러나 이러한 이론은 암암리에 종의 고급과 저급성을 암시함으로써 앞으로 과학의 탈을 쓰고 다가올 인종주의를 예고하고 있었다.

종교적 입장에서 논한 노예제 반대론자들의 이론은 이미 지난날에 유포되고 있었던 이론들을 보다 정교한 이론 체계로 정리한 것이었다. 노예제 폐지론자들은 물론 '황금률'을 들고 나왔고, 노예제도가 근본적으로 그리스도교 정신에 위배된다고 비판했다. 지지론자들은 '함의 저주'로 응수하면서 기독교는 교리나 관행에서 노예제도를 결코 비난하지도 않았고, 더욱이 이교도를 노예로 삼는 것을 금하지 않았으며 주인이나

노예들이 진정으로 기독교 정신을 받아들인다면 아름다운 인
간적 교류를 가질 수 있어서 신에 더 가까이 갈 수 있다고 주
장하였다.

이교도와 유대인 종의 차이

이 시기에 특히 남부의 종교인들은 노예제 수호에 적극적으
로 대응하면서 성서에 의거해서 고도의 변론을 구축했다. 앞서
언급한 퍼먼 목사는 노예제도는 사도들이 살던 시대나 예언자
들이 살던 때부터 인정되어 오던 제도였다고 역설하면서, 다음
과 같은 선언문을 1823년에 남캐롤라이나 주지사에게 보냈다.

노예를 소유할 권리는, 그 가르침에서나 실제적 관행으로
서나 성서에 분명히 나타나 있다. 『구약』은 이스라엘인들이
이교도의 나라에서 — 그들이 전멸되어 버려야 했던 가나안인
을 제외하고 — 노예를 매입하도록 가르쳤다. 그 성경책은 매
입된 자들은 영원히 노예가 될 것이며 대대손손 노예로 남을
것이라고 천명하였다. 그들은 매입된 유태인 하인같이 희년에
해방될 수 없었다. 이 두 종류의 사람들에게는 확실한 차이가
있는 것이다.

그는 레위기에 나타나는 '희년'의 텍스트로부터 노예제도

가 성서에서 확실히 인정된 제도였음을 역설하였다.

> 네 동족이 빈한하게 되어 네게 몸이 팔리거든 너는 그를
> 종으로 부리지 말고 품군이나 우거하는 자같이 너와 함께
> 하여 희년까지 너를 섬기게 하라.(……)그들은 내가 애굽땅
> 에서 인도하여 낸 바 나의 품군인즉 종으로 팔지 말 것이라.
> 너는 그를 엄하게 부리지 말고 너의 하나님을 경외하라. 너
> 의 종은 남녀를 무론하고 너의 사면 이방인 중에서 취할지
> 니 남녀 종은 이런 자 중에서 살 것이며, 또 너희 중에 우거
> 한 이방인의 자녀 중에서도 너희가 살 수 있고 또 그들이
> 너희 중에서 살아서 너희 땅에서 가정을 이룬 그 중에서도
> 그리 할 수 있은즉 그들이 너희 소유가 될지니 너희는 그들
> 을 너희 후손에게 기업으로 주어 소유가 되게 할 것이라. 이
> 방인 중에서는 너희가 영원한 종을 삼으려니와 너희 동족
> 이스라엘 자손은 너희 피차 엄하게 부리지 말지니라.[15]

라고 여호와가 모세에게 이른 말씀을 들고 있다. 성서에서 희
년에 관한 설명은 다음과 같다.

> 너는 일곱 안식년을 계수할지니 이는 칠 년이 일곱 번인
> 즉 안식년 일곱 번 동안 곧 사십구 년이라. 칠월 십일은 속
> 죄일이니 너는 나팔소리를 내되, 전국에서 나팔을 크게 불
> 지며 제 오십 년을 거룩하게 하여 전국 거민에게 자유를 공

포하라. 이 해는 너희에게 희년이니 너희는 각각 그 기업으로 돌아가며 각각 가족에게로 돌아갈지며…….16)

한편, '희년'에 관한 문구는 예레미아서에서는 매 칠 년에 온다고 쓰여져 있기도 하다. "너희 형제 히브리 사람이 네게 팔렸거든 칠 년 만에 너희는 각기 놓으라. 그가 육 년을 섬겼은즉 그를 놓아 자유케 하였으나, 너희 선조가 나를 듣지 아니하며 귀를 기울이지도 아니하였느니라?" 그 벌로써 바벨론 왕의 군대가 다시 예루살렘 성을 쳐서 불사르게 할 것이라고, 예레미아가 예언한 대목이 바로 그 예이다. '희년'이 7년이든 50년이든 간에, 아무튼 퍼먼 목사는 '희년'에 대한 성서의 설명에 의거하여 이교도를 노예로 삼는 것은 기독교 교리에 합당하다는 변론을 펴나갔다.17)

종들아, 주인에게 복종할지니라

1831년부터 다음 해에 걸쳐 버지니아 주 의회에서 노예제 폐지 문제가 심각하게 논의된 직후 윌리엄과 메리 대학의 정치경제학 교수 듀(Charles R. Dew)는 노예경제제도를 옹호하는 글을 써서 노예제도는 '적극적 선'이라는 사상을 유포시켰다. 이 이론은 노예제도가 사회의 복리를 증진하는 탁월한 제도로서 주인과 노예는 인정으로 얽혀진 인간관계를 갖고, 노예들은 가부장적 보살핌 속에서 행복하고 만족한 생활을 할 수 있다는 것이다. 그는 노예제도 덕분으로 남부에서 백인들은 피부색 하나만으로 직업의 귀천을 막론하고 평등하게 시민이라는 탁월한 지위를 갖게 되며, 따라서 노예제는 모든 시민이 함께 참여하는 자유민주주의의 정신을 실현하는 데 큰 보탬이 된다고 역설하였다.

'적극적 선' 이론은 남부 노예들의 생활 여건이 프롤레타리아의 상황보다 낫다면서 비정한 자본주의에 대해 공격을 가하였다. 이것은 공산당선언이 선포된 것보다 10여 년이나 앞섰던 것으로 주목받는데, 맑스가 "프롤레타리아의 생활상은 예전의 노예보다도 못하다"고 호소력 있게 외친 것에 대해 이 이론이 어떤 영향을 미쳤는지는 확실히 밝혀지지 않았다. 또한 노예제도가 그리스·로마의 고전문명을 이루는 기초가 되었다고 이 이론이 내세우는 가설은 훗날 문화적·인종적 발전단계설을 신봉하는 유럽의 학자들에게 많은 영향을 주었다.

또한 듀 교수는 노예제 폐지론자들이 주로 『신약』에 나오는 기독교 정신에 의거하여 노예제도를 비판하는 데 대해, 정직한 노예주가 양심의 가책을 느끼게끔 만드는 구절은 『신약』에 단 한마디도 없다고 못박았다. 오히려 그는 고린도전서에서 나타나듯이 바울도 하나님의 종으로 부름을 받았으며, 누구든 어떤 부름을 받으면 그 직책에 충실해야 된다고 주장하였다. 그리고 종은 주인을 경외하며 복종하여야 한다는 베드로전서의 가르침은 남부의 노예와 주인의 관계에도 적용된다고 믿으면서, 그러므로 『신약』은 노예제도를 오히려 재확인시켜 준다고 주장하였다.[18]

그가 제시했던 다음과 같은 베드로전서의 구절은 남부의 백인목사가 흑인들에게 설교할 때 가장 잘 애용하던, 그리고 노예들이 가장 혐오하던 성경의 텍스트였다.

사환들아 범사에 두려워함으로 주인들에게 순복하되 선하고 관용하는 자들에게만 아니라 또한 까다로운 자들에게도 그리하라, 애매히 고난을 받아도 하나님을 생각함으로 슬픔을 참으면 이는 아름다우나 죄가 있어 매를 맞고 참으면 무슨 칭찬이 있으리요 오직 선을 행함으로 고난을 받고 참으면 이는 하나님 앞에 아름다우니라.[19]

이와 비슷한 의도로 백인 목사들이 노예들에게 충직한 종의 본분을 다할 것을 강조하는 설교를 할 때, 그들은 디모데전서의 구절을 곧잘 읽어주었고, 흑인노예들은 묵묵히 들을 뿐이었다.

무릇 멍에 아래 있는 종들은 자기 상전들을 범사에 마땅히 공경할 자로 알지니 이는 하나님의 이름과 교훈으로 훼방을 받지 않게 하려 함이라. 믿는 상전이 있는 자들은 그 상전을 형제라고 경히 여기지 말고 더 잘 섬기게 하라. 이는 유익을 받은 자들이 믿는 자요, 사랑을 받는 자 임이니라. 너는 이것들을 가르치고 권하라.[20]

당시 분열의 길로 달려가던 감리, 침례 양 교단은 수립 초기에는 거의 퀘이커만큼 열성적으로 노예제도를 반대하였었다. 초기의 양 교회는 노예를 포함한 흑인들에게 전도사로서의 자격을 부여하였고, 흑인전도사가 백인신도들에게 설교하는 예도 종종 있었다. 그리하여 침례교회는 1783년에 미국에서는 처음으로 남캐롤라이나의 실버 블러프에 흑인교회를 흑인집사의 관장하에 세우는 것을 도와주었다. 그리고 1798년 미시시피 서쪽의 영토에서 처음으로 개신교의 목회를 열었던 사람도 침례교 흑인집사 윌리스(Josheph Willis)였으며, 그는 1814년에는 루이지애나 주에서 최초의 침례교회를 세웠다.

초기 감리교회는 노예제 반대에 더욱 적극적이었다. 그 교회를 세운 웨슬리(John Wesly)는 1780년 볼티모어의 감리교회의에서 노예를 소유한 자들에게서 교회 멤버십과 순회설교사로서의 자격을 박탈할 정도였다. 그러나 그것은 잠시 동안에 불과했으며, 5년 후에는 이러한 자격 제한이 철폐되었다. 초기의 감리교회의 인종 통합적 성격은 1789년 감리교 총회에 모인 51개의 교회 중에서 36개가 통합적이었던 데서도 잘 나타난다.

노예제 옹호에 나선 교회들

그러나 1790년대부터 소위 흑백분리제도는 교회의 곳곳에 퍼져갔다. 그것은 남부에서 교세가 강했던 영국성공회의 성직자들이 혁명기에 미국을 떠나면서 발생한 종교적 공백을 차지하기 위해 감리, 침례 양교가 서로 다투어 남부인들의 구미에 맞게 교회를 재조정한 데 기인한다. 감리, 침례 양 교회는 19세기로 접어들 때까지도 남부에서는 교세가 약하였다. 1810년

대에도 감리, 침례, 장로교도들은 도합해서 남부 인구의 20%
밖에 차지하지 못하였다. 그리고 그 중 대부분은 장로교를 믿
던 스코트-아일랜드계였다. 교회에서 분리제도가 강화되어감
에 따라 흑인들은 백인교회에서 분리·독립하여 그들만의 교회
를 세웠다. 침례교회에 이어 1816년에 최초의 흑인감리교회가
수립되었다. 그리하여 1830년대에 이르면 큰 도시의 흑인들은
주로 흑인교회에서 자체의 종교활동을 펴나갔다.

　　교단 내에서의 남북 분열을 끝까지 저지하는 데 성공했었던
장로교회도 남부가 연방으로부터 탈퇴하자, 드디어 분열하게
되었다. 필라델피아에서 열린 장로교 총회에서 교단측이 북부
에 충성할 것을 선언하자 남부의 장로교도들은 회장에서 탈퇴
하였다.

　　그 후 1861년 12월 4일, 조지아 주 오거스타에서 그들은 남
부연합 내에 새로 교회를 세우는 총회를 열었다. 그 회에서는
손웰(James Henley Thornwell) 목사가 기안한 선언문이 채택되
었다. 선언문은 여태까지 남부 종교인들이 주장하던 견해를
정리·종합하였으며, 『구약』에 나오는 할례의 기록 또한 노예
제도를 인정한다고 덧붙였다. 예를 들면, 하나님께서 아브라
함이 99세였을 때에 그의 이름을 아브라함이라고 다시 지어주
고 그 대대로 후손들이 번성케 하도록 할례를 받도록 명하였
다는 것이다.

　　대대로 남자는 집에서 난 자나 혹 너희 자손이 아니요 이

방 사람에게서 돈으로 산 자를 무론하고, 난 지 팔 일 만에 할례를 받을 것이라. 너희 집에서 난 자든지 너희 돈으로 산 자든지 할례를 받아야 하리니. 이에 내 언약이 너희 살에 있어 영원한 언약이 되려니와 할례를 받지 아니한 남자, 곧 그 양피를 베지 아니한 자는 백성 중에서 끊어지리니. 그가 내 언약을 배반하였음이니라.[21]

여호와의 명을 받들어, 아브라함과 그의 아들 이스마엘 그리고 "그 집의 모든 남자, 곧 집에서 생장한 자와 돈으로 이방 사람에게서 사온 자가 다 그와 함께 할례를 받았더라"[22]고 창세기에 명기되어 있다. 이러한 할례에 관한 구절에도 잘 나타나 있듯이 노예제도는 오래전부터 승인되었던 제도였다고 손웰 목사는 천명하였다.

이렇게 노예제를 찬성하는 소리는 남부에서 첨예화해 갔다. 남부인들은 『구약』에서 '함의 저주', '아브라함의 이주', '희년', '할례'의 예를 들며, 그리고 『신약』에서도 종들이 지켜야 하는 복종의 의무를 제시하며 노예제도를 수호하였다. 이에 맞서 북부의 노예제 반대론자들도 누누이 주장해왔던 세 가지 전거에 의해 노예제도에 대한 비난의 열도를 더해갔다. 그것은 『신약』에 나오는 '황금률'과 『구약』에 나타나는 바 '노예제도는 사람을 훔치는 일이므로 천벌이 내리리라는 것'과 『신·구약』이 다 증명하듯이 '인류는 모두 다 하나님의 자손'이라는 것이었다.

두 얼굴을 가진 하나님

이상에서 살펴보았듯이 노예제 지지자들이 '함의 저주'를 들고 그들의 주장을 입증하려 하면, 폐지론자들은 인류는 모두 아담의 자손이라는 점을 상기시켰다. 폐지론자들이 '황금률'을 가지고 그들의 입지를 강화하면, 지지자들은 좋은 주인에게 복종하여야 된다는, 사도들에게 하나님이 주신 가르침을 들고 대응하였다. 그리고 지지자들이 이교도를 노예로 삼는 것은 용인된 것이라고 주장하면, 폐지론자들은 그들이 살던 시대에 아프리카인은 이미 개종한 지 오래이기 때문에 이교도가 아니므로 모두 다 해방시켜야 한다고 응수했다.

이렇게 양 진영이 팽팽히 맞선다 해도, 노예제 폐지론자들은 기독교 교회가 오랫동안 노예제도를 관용해 왔다는 사실에 대해서는 흡족하리 만큼 항변하지 못했다. 그들이 성서에서 노예해방을 위한 텍스트를 찬성론자만큼 풍부하게 발견하지 못했던 것은 사실이다. 그러므로 그들은 오히려 개별적인 텍스트보다는 전체적인 컨텍스트나 기독교의 기본정신에 호소하며 답을 구하려고 하였다. 즉, 성서는 인류가 모두 형제로서 평등하다고 가르치기 때문에 노예제도는 옳지 않다고 주장했다.

한편, 노예제도 지지자들은 성서, 특히 『구약』에서 노예제도를 인정했던 사례를 풍부히 끌어낼 수 있었다. 그러므로 그들은 기독교와 노예제는 병행할 수 있다는 주장을 펴나가기가 용이했다. 그들은 창세기부터 그리고 예수님의 생전 당시와 사도들이 전도를 할 때도 노예제도는 아무 문제 없이 관용되어 왔는데, 왜 북부의 반대론자들이 노예제도의 도덕성에 대해 논해야 되는지를 이해할 수 없다는 입장을 보였다. 그러나 노예제 찬성론자들도 기독교의 일반정신을 대표하는 '황금률'에 의거한 비판을 받을 때는 이에 대한 항변을 잘 찾지 못하는 취약성을 드러냈다.

노예제 반대론자들은 기독교의 일반론에 근거하여 성서에 대한 광의적 해석(broad interpretation)을 하였다. 민주화·산업화되어가는 19세기 전반기에 북부의 기독교는 사회의 변화에 보다 민감하게 반응하면서 종교가 갖는 사회적 책임을 다하기 위해 보다 넓은 의미로 교리를 정리하면서 변모하였다. 그 지역의 교회는 변천하는 사회에서 증가되는 종교 간의 이질성을 수용하여 종교의 다원화도 이루었고, 새로 야기되는 세속적 문제들에 직면하면서 비종교적 사회문제들도 종교적 현안으로 수용하려 하는 진보적 성향을 보였다. 한 예로 미국에서 일어난 모르몬교나 제7안식일 교회, 크리스천 사이언스 같은 신흥종교도 그즈음 창시되었다. 그리하여 북부인들은 노예문제에 대해서도 고조된 관심을 기울이며 남부를 향해 종교적 맹공격을 개시하였다. 그들은 성서에는 노예제도를 비난하는 구체적 예증이 적다는 것을 잘 알았다. 그리하여 성서의 자자구구에 얽매이기보다는 성서에 대한 포괄적인 이해를 바탕으로 하여 그 문제에 대처하였다. 그들은 모든 사람을 사랑하라는 기독교의 근본정신에 입각하여 성서를 광의로 해석하면서, 하나님은 노예제도를 폐지하려는 편에 굳게 서계시다고 믿었다.

반면, 노예제 찬성론자들은 성서에서 그들의 입지를 강화하는 명확하고 구체적인 사례와 예증들을 풍부히 끌어내면서 성서에 대한 협의적 해석(strict interpretation)으로 기울었다. 노예문제로 미국침례교회에서 독립한 남침례교회는 남부적 특성을 많이 반영하며 '바이블 벨트'를 중심으로 뻗어나갔다. '바이블 벨트'란 위도상 남부의 윗부분에 있는 버지니아와 남·북캐롤라이나로부터 켄터키와 테네시를 향해 서쪽으로 뻗어간 지대를 일컫는다. 남부 종교의 특성은 근본주의에 있다. 그것은 부흥회에서 많은 영향을 받음으로써 감정적 요소가 강하고 개개인이 성서에 의거하여 영감을 얻고 체험하는 신앙생활을 중요하게 여긴다. 이렇게 주관적이고 체험적인 신앙생활을 중요시함으로써 남부의 교회는 생활환경의 변천으로 야기되는 여러 가지 사회적 문제에 신속하게 대응하지 못하고 보수적 신앙을 형성하게 된다. 이것은 당시 북부에서 개혁을 추구하는 새로운 교단들이 많이 나타나서 기성 교단을 자극하고 있었던 상황과 대조적이었다.

근본주의의 본질은 성경의 말씀은 절대로 오류를 범하지 않는다고 보는 성경무오설에 있다. 그것은 성서를 엄격하게 해석하여 성경기록을 문자 그대로 받아들이며, 그 내용을 자자구구 사실로 믿는다. 남부인들이 노예제도를 성서에 비추어가며 해석을 할 때에도, 성서에 확실히 나타나는 텍스트만 고려의 대상으로 하는 근본주의적 자세가 뚜렷이 반영되었다. 어쩌면 남부에서 근본주의가 노예제도에 영향을 미쳤다기보다는 노예제도에 대한 엄격하고 구체적인 성경 해석의 습관이 오히려 남부의 근본주의 형성에 박차를 가했는지도 모른다. 아무튼 이러한 상황으로 남부의 종교는 더욱 보수적이 되어갔다.

미국에서 근본주의의 물결은 전국적 규모로 주기적으로 부활된다. 물론 북부도 북부 나름의 근본주의가 존재한다. 예를 들면, 그것은 1920년대에 금주법 개정을 했다가 다시 폐지하는 우를 저지르기도 했고, 미국사회의 토착적 근본주의와 연계되면서 이민의 물결을 막는 법을 세우기도 했다. 근본주의는 한동안 잠잠하다가 레이건 시대부터 다시금 고개를 쳐들면서 탄생권과 학교에서의 기도문제를 활발히 펴나가고 있다. 그리고 9.11 테러 이후 미국에서는 근본주의의 많은 부분을 수용하는 종교적 보수주의가 강화되고 있다.

남북전쟁이 일어나기 10년 전 즈음인 1850년대에 이르러 종교적 반노예제도사상이 드디어 북부의 모든 사람들의 가슴 속에 스며들었다. 스토우(Harriet Beecher Stowe) 부인이 쓴 소설 『톰 아저씨의 오두막집』의 충직한 노예와 비정한 주인에 대한 이야기는 북부 가정의 저녁 식탁에 오르던 가장 인기있는 화제가 되었다. 그녀는 서부에서 반노예제도운동의 요람인 오하이오의 레인 신학교 교장으로 있던 비처(Lyman Beacher) 목사의 딸이었다. 이 소설책은 노예문제를 바탕으로 하여 북부인들의 종교적 결속력을 강화하였고, 이는 결국 곧이어 벌어진 남북의 정치적 대결의 발판을 굳히는 데 이바지했다.

또한 노예주(州)들에게 떨어질 최후의 심판을 믿어 의심치 않았던 또 다른 뉴잉글랜드인 존 브라운(John Brown)은 노예해방을 위한 십자가를 스스로 짊어지려고 했다. 그리하여 그는 미주리 주로 내려가 노예를 소유한 한 가정을 학살하기도 하고, 하퍼스페리에 있는 버지니아 주 병기창을 습격하여 흑인들을 무장시켜 미국 영토 내에서 흑인의 나라를 건설하려는 혁명적 거사를 기획하였다. 그러나 사전에 발각되어 그가 남부에서 형장의 이슬로 사라지자, 드디어 북부인들의 종교적 분노는 막바지에 다다르게 되었다. 이렇게 성서에 배어 있는 인류평등의 사상은 북부인들의 반노예제 신념을 강화해 갔다.

한편, 성서는 남부인들에게도 노예제도를 용인하는 확실한 예증과 전거를 끊임없이 제공하며, 노예제도 지지론의 근간을 마련해 주었다. 그들은 남부에서는 노예제도로 가부장적 온정주의를 실천하며, 그것이 바로 기독교의 박애사상을 실현하는 첩경이라고 굳게 믿고 있었다. 그들은 또한 노예제도는 북부 양키들의 비정한 자유노동제도보다 여러 모로 훨씬 우수한 사회경제체제라고 확신하였다. 남부인들은 여기에서 한 걸음 더 나아가 노예제도는 미개한 흑인을 보다 우수한 기독교 문명으로 이끌어가는 훌륭한 '교육제도'라고 여기며, 이러한 무거운 짐을 지고 가는 그들의 곁에 하나님이 서계심을 믿어 의심치 않았다.

결국 양 진영은 하나님은 우리 편이라고 굳게 믿고 전쟁에 돌입하게 된다.

주 ┌─

1) 인용은 『신약성서』 마태복음, 7장, 12절을 보시오.
2) 『구약성서』 창세기, 30장, 24절; 37장, 27-28절.
3) 『신약성서』 사도행전, 17장, 26-29절.
4) 『구약성서』 출애굽기, 21장, 16절.
5) 『구약성서』 창세기, 9장, 18-27절.
6) 『구약성서』 창세기, 12장, 1-5절.
7) 『구약성서』 역대상, 1장, 8절; 가나안의 절멸은 『구약성서』 여호수아, 11장; 기브온의 노예화는 여호수아, 9장을 보시오.
8) 희년의 텍스트에 대해서는 주 13번을 보시오.
9) 『구약성서』 예레미야, 14장, 23절.
10) 『구약성서』 시편, 69편, 31절.
11) 『구약성서』 예레미야, 34장, 8-22; 인용문은 그 중에서 16-17, 21-22절을 보시오.
12) '셔츠 테일'이란 미성년의 남녀노예가 입었던 길이가 좀 긴 셔츠로, 몸 위에 그것 하나만을 원피스를 입듯이 걸쳤다.
13) 『신약성서』 마태복음, 19장, 4-6절.
14) 『신약성서』 고린도전서, 7장, 20-22절.
15) 『구약성서』 레위기, 25장, 39-46절.
16) 『구약성서』 레위기, 25장, 8-10절.
17) 『구약성서』 예레미야, 34장, 8-22절; 예레미야의 예언에 대해서는 본 저서 42쪽을 보시오.
18) 『신약성서』 고린도전서, 7장, 1, 20-22절; 디모데전서, 6장, 1-2절.
19) 『신약성서』 베드로전서, 2장, 18-20절을 보시오.
20) 『신약성서』 디모데전서, 6장, 1-2절.
21) 『구약성서』 창세기, 17장, 12-14절.
22) 『구약성서』 창세기, 17장, 27절.

두 얼굴을 가진 하나님 성서로 보는 미국 노예제

펴낸날	초판 1쇄 2003년 11월 30일
	초판 5쇄 2017년 4월 10일

지은이	김형인
펴낸이	심만수
펴낸곳	(주)살림출판사
출판등록	1989년 11월 1일 제9-210호

주소	경기도 파주시 광인사길 30
전화	031-955-1350 팩스 031-624-1356
홈페이지	http://www.sallimbooks.com
이메일	book@sallimbooks.com

ISBN	978-89-522-0100-0 04080
	978-89-522-0096-9 04080(세트)

※ 값은 뒤표지에 있습니다.
※ 잘못 만들어진 책은 구입하신 서점에서 바꾸어 드립니다.

089 커피 이야기

eBook

김성윤(조선일보 기자)

커피는 일상을 영위하는 데 꼭 필요한 현대인의 생필품이 되어 버렸다. 중독성 있는 향, 마실수록 감미로운 쓴맛, 각성효과, 마음의 평화까지 제공하는 커피. 이 책에서 저자는 커피의 발견에 얽힌 이야기를 통해 그 기원을 설명한다. 커피의 문화사뿐만 아니라 커피에 대한 일반적인 정보 및 오해에 대해서도 쉽고 재미있게 소개한다.

021 색채의 상징, 색채의 심리

박영수(테마역사문화연구원 원장)

색채의 상징을 과학적으로 설명한 책. 색채의 이면에 숨어 있는 과학적 원리를 깨우쳐 주고 색채가 인간의 심리에 어떤 작용을 하는지를 여러 가지 분야의 사례를 통해 설명한다. 저자는 색에는 나름대로의 독특한 상징이 숨어 있으며, 성격에 따라 선호하는 색채도 다르다고 말한다.

001 미국의 좌파와 우파

eBook

이주영(건국대 사학과 명예교수)

진보와 보수 세력의 변천사를 통해 미국의 정치와 사회 그리고 문화가 어떻게 형성되고 변해왔는지를 추적한 책. 건국 초기의 자유방임주의가 경제위기의 상황에서 진보-좌파 세력의 득세로 이어진 과정, 민주당과 공화당의 대립과 갈등, '제2의 미국혁명'으로 일컬어지는 극우파의 성장 배경 등이 자연스럽게 서술된다.

002 미국의 정체성 10가지 코드로 미국을 말하다 eBook

김형인(한국외대 연구교수)

개인주의, 자유의 예찬, 평등주의, 법치주의, 다문화주의, 청교도 정신, 개척 정신, 실용주의, 과학 · 기술에 대한 신뢰, 미래지향성과 직설적 표현 등 10가지 코드를 통해 미국인의 정체성과 신념을 추적한 책. 미국인의 가치관과 정신이 어떠한 과정을 통해서 형성되고 변천되어 왔는지를 보여 준다.

058 중국의 문화코드

강진석(한국외대 연구교수)

중국의 핵심적인 문화코드를 통해 중국인의 과거와 현재, 문명의 형성 배경과 다양한 문화 양상을 조명한 책. 이 책은 중국인의 대표적인 기질이 어떠한 역사적 맥락에서 형성되었는지 주목한다. 또한, 구체적이고 실제적인 여러 사물과 사례를 중심으로 중국인의 사유방식에 대해 설명해 주고 있다.

057 중국의 정체성　　`eBook`

강준영(한국외대 중국어과 교수)

중국, 중국인을 우리는 과연 어떻게 이해해야 하나? 우리 겨레의 역사와 직 · 간접적으로 끊임없이 영향을 주고받은 중국, 그러면서도 아직까지 그들의 속내를 자신 있게 말할 수 없는, 한편으로는 신비스럽고, 한편으로는 종잡을 수 없는 중국인에 대한 정체성을 명쾌하게 정리한 책.

015 오리엔탈리즘의 역사　　`eBook`

정진농(부산대 영문과 교수)

동양인에 대한 서양인의 오만한 사고와 의식에 준엄한 항의를 했던 에드워드 사이드의 오리엔탈리즘. 이 책은 에드워드 사이드의 이론 해설에 머무르지 않고 진정한 오리엔탈리즘의 출발점과 그 과정, 그리고 현재와 미래의 조망까지 아우른다. 또한 오리엔탈리즘이 사이드가 발굴해 낸 새로운 개념이 결코 아님을 역설한다.

186 일본의 정체성　　`eBook`

김필동(세명대 일어일문학과 교수)

일본인의 의식세계와 오늘의 일본을 만든 정신과 문화 등을 소개한 책. 일본인을 지배하는 이데올로기는 무엇이고 어떤 특징을 가지는지, 일본을 주목해야 하는 이유는 무엇인지 등이 서술된다. 일본인 행동양식의 특징과 토착적인 사상, 일본사회의 문화적 전통의 실체에 대한 분석을 통해 일본의 정체성을 체계적으로 살펴보고 있다.

261 노블레스 오블리주 세상을 비추는 기부의 역사

예종석(한양대 경영학과 교수)

프랑스어로 '높은 사회적 신분에 상응하는 도덕적 의무'를 뜻하는 노블레스 오블리주. 고대 그리스부터 현대까지 이어지고 있는 노블레스 오블리주의 역사 및 미국과 우리나라의 기부 문화를 살펴보고, 새로운 시대정신으로 노블레스 오블리주를 부활시킬 수 있는 가능성을 모색해 본다.

396 치명적인 금융위기, 왜 유독 대한민국인가 eBook

오형규(한국경제신문 논설위원)

이 책은 전 세계적인 금융 리스크의 증가 현상을 살펴보는 동시에 유달리 위기에 취약한 대한민국 경제의 문제를 진단한다. 금융안정망 구축 방안과 같은 실용적인 경제정책에서부터 개개인이 기억해야 할 대비법까지 제시해 주는 이 책을 통해 현대사회의 뉴노멀이 되어 버린 금융위기에서 살아남는 방법을 확인해 보자.

400 불안사회 대한민국, 복지가 해답인가 eBook

신광영(중앙대 사회학과 교수)

대한민국 사회의 미래를 위해서 복지는 선택이 아니라 필수라고 말하는 책. 이를 위해 경제 위기, 사회해체, 저출산 고령화, 공동체 붕괴 등 불안사회 대한민국이 안고 있는 수많은 리스크를 진단한다. 저자는 사회적 위험에 대응하기 위한 복지 제도야말로 국민 모두의 삶의 질을 높일 수 있는 길이라는 것을 역설한다.

380 기후변화 이야기 eBook

이유진(녹색연합 기후에너지 정책위원)

이 책은 기후변화라는 위기의 시대를 살면서 우리가 알아야 할 기본지식을 소개한다. 저자는 기후변화와 관련된 핵심 쟁점들을 모두 정리하는 동시에 우리가 행동해야 할 실천적인 대안을 제시한다. 이를 통해 독자들은 기후변화 시대를 사는 우리가 무엇을 해야 할 것인지에 대하여 생각해 볼 수 있을 것이다.

eBook 표시가 되어있는 도서는 전자책으로 구매가 가능합니다.

㈜살림출판사
www.sallimbooks.com
주소 경기도 파주시 문발동 522-1 | 전화 031-955-1350 | 팩스 031-955-1355